# 「教育」を解き放つ

菊池省三
Kikuchi Syozo

鈴木　寛　藻谷浩介　南郷市兵　下村健一
柴田愛子　齋藤眞人　塩田　始&藤岡孝雄
片山象三　奥塚正典　稲嶺　進　西村貴好
太田　肇　陰山英男　前田康裕　島田妙子

中村堂

## ▼はじめに

菊池道場機関誌「白熱する教室」を創刊したのは、二〇一五年七月でした。以降、季刊で発行し、二〇一九年七月現在一七号を数えるまでになりました。

毎号巻頭で様々な人と対談する企画を立て、継続しています。

これまでの対談の中で交わされたキーワードのいくつかを列挙してみます。

学習者主体　学習学　公教育だからこそ　アクティブ・ラーナー　ほめ合う
認め合う　価値を発見して伝える　変容重視　ほめるために叱る　黄金言葉（価値語）
成長するということに異様に集中している　承認欲求と動機　相互承認　教師のみる目
個の確立　学び続ける力　自身の変化を楽しむ　自己否定もしながら考え続ける力
安心と安全の場所　違いを認める　子どもを育てるのではなく人間を育てる

語り合ったことを思い出していくと、現職時代の教室では学べなかった多くのことを、こうした対談をとおして学ばせていただいていることに気づき、感謝に堪えません。

同時に、一地方の公立小学校の一教諭の実践が、広く社会や、学校教育以外の世界にも、普遍的な価値をもって通用していることを実感しています。

私のお師匠さんである桑田泰佑先生が絶えず「全国区になれ、全国区になれ」と、口癖のように言われていたことを思い出し、改めて、自身の実践と理論をさらに磨いていこうと決意を新たにしているところです。

創刊号の本間正人先生（京都造形芸術大学副学長）との対談内容は、「コミュニケーション力で未来を拓く　これからの教育観を語る（二〇一五年九月　中村堂）」として単行本に、第一一号の苫野一徳先生（熊本大学准教授）との対談内容は、「学校は、何をするところか？（二〇一八年二月　中村堂）」として単行本にそれぞれしていただきました。

今回、機会があって、それ以外の対談のほとんどを集めて一冊にまとめることができました。全体を俯瞰したときに、現状の日本の教育を解き放ち、これまでの一斉指導ありきの教育学的発想ではなく、子ども中心の学習学に基づく新しい教育へと転換していこうということが、共通の考えであったことが改めて分かりました。

二〇一九年八月　菊池道場　道場長　菊池省三

**菊池省三**（きくち・しょうぞう）

一九五九年（昭和三四年）愛媛県に生まれる。愛媛県立大洲高等学校、国立山口大学教育学部を卒業後、一九八二年（昭和五七年）福岡県北九州市の小学校教員として採用される。二〇〇三年（平成一五年）北九州市すぐれた教育実践教員表彰。二〇〇四年（平成一六年）福岡県市民教育賞受賞。文部科学省「『熟議』に基づく教育政策形成の在り方に関する懇談会」委員。二〇一五年（平成二七年）三月退職。全国ネット「菊池道場」道場長、菊池道場機関誌『白熱する教室』編集長。二〇一六年（平成二八年）より、高知県いの町教育特使、大分県中津市教育スーパーアドバイザー、三重県松阪市学級経営マイスター。二〇一八年（平成三〇年）より、岡山県浅口市学級経営アドバイザー。二〇一九年（平成三一年）から、山梨県富士河口湖町教育センター教育アドバイザー。

【著書】「コミュニケーション力あふれる『菊池学級』のつくり方」「人間を育てる　菊池道場流　叱る指導」「菊池省三先生の価値語日めくりカレンダー」「人間を育てる　菊池道場流　作文の指導」「挑む　私が問うこれからの教育観」「個の確立した集団を育てるほめ言葉のシャワー　決定版」「楽しみながらコミュニケーション力を育てる10の授業」（以上　中村堂）など多数。

●もくじ●

第1章

# 新しい教育観への転換

dialogue01

# アクティブ・ラーニングのその先へ

菊池省三×鈴木寛
Kan Suzuki
（東京大学教授、慶應義塾大学教授
元文部科学副大臣）

【対談者紹介】

**鈴木　寛**（すずき・かん）

一九六四年兵庫県生まれ。通商産業省勤務。慶應義塾大学助教授を経て、二〇〇一年から一二年間参議院議員を務める。在任中、文部科学副大臣を二期務める。二〇一五年二月より二〇一八年一〇月まで、文部科学大臣補佐官を四期務める。東京大学公共政策大学院教授、慶應義塾大学政策メディア研究科兼総合政策学部教授、社会創発塾塾長、日本サッカー協会理事、日本音楽著作権協会理事等も務める。著書は「熟議のススメ」（講談社）など多数。

鈴木寛先生は、文部科学副大臣在任中に「熟議」の導入と推進をし、コミュニケーション教育の大きなうねりを起こした。鈴木先生が「熟議」推進の過程で出会った菊池省三と約四年ぶりに再会し、アクティブ・ラーニングの導入とその先のめざすものについて白熱した議論を交わした。

## 自ら考え行動する教師

**菊池**　鈴木先生と最初にお会いしたのは、五年近く前（対談当時）になろうかと思います。二〇一一年一月一日の朝日新聞一面に掲載された私に関する記事に目を留めていただき、福岡空港でお会いしたのが最初でした。その後、「『熟議』に基づく教育政策形成の在り方に関する懇談会」の委員への就任、文部科学省が作成されたパンフレット「『子ども熟議』のすすめ」の執筆をさせていただきました（http://jukugi.client.cybridge.jp/archive/512.pdf)。また、NPO法人日本教育再興連盟の夏祭りなどにもお呼びいただきました。私は、鈴木先生が提唱されたアクティブ・ラーニングがいよいよ始まろうとしている今、「時は来た」と思っています。一度退職して、二〇年間にわたって実践してきたコミュニケーション教育をもとに、アクティブ・ラーニングが一時のブームで終わってしまわないよう、自分なりのやり方で世に問いたいと思っています。

「子ども熟議」のすすめ
子どもたちの話合いと実践で創り出すよりよい学級・学校生活
【小学校版】
～特別活動で育む「生きる力」～
文部科学省

**鈴木** 菊池道場が全国ネットという形で、コミュニケーション教育、あるいはアクティブ・ラーニングを推進する核となる先生方が集まって学び合うということは素晴らしいことだと思います。アクティブ・ラーニングの推進が文部科学省から提起されていますが、私が文部科学副大臣のときに提案したのは、「アクティブ・ラーナー（主体的な学習者）の育成」でした。現在は、それが「アクティブ・ラーニングの導入・推進」になっているのは少々気になっています。ただ、私も二〇一五年二月に文部科学大臣補佐官に就き、中央教育審議会の教育課程企画特別部会にも直接関わることになりましたので、本来のねらいを確認しながら、進めていきたいと思っています。

**菊池** 教師自身がアクティブ・ラーナーになれないで、これまでどおりの一斉指導型の授業が繰り返されてしまったら、子どもも受け身の学習を繰り返し、従来と変わることなく終わってしまうと思います。教師がどれだけ変われるかが問われていると思います。

**鈴木** 私は、大学のゼミ生たちと日常的に会ったり、NPO法人日本教育再興連盟の理事として多くの学生と接したりしています。その中で率直に思うことは、教育学部の学生がアクティブでないということです。私は、高校と大学の接続の改革を進めてきましたが、教育学部がどのような学生を必要としているのかを本気で問い直す必要があると思っています。究極的には、公教育で学習指導要領を必要としなくなることが一つの目標です。これからの時代は、そうした拘束性を必要とせず、自ら考え行動する教師、学び続ける教師こそが必要なのです。「守破離」という概念がよく語られますが、基本の型を身につけた（守）あとは、その型を「破」り、その型から「離」れる必要があります。「アクティブ・ラーニング」が提案されたとしたら、「アンチ・アクティブ・ラーニング」の意見をもつ人が出てきて、アクティブな議論をしていただきたいのです。アクティブ・ラーニング導入の目的は、アクティブに物事を考え、主体的に学ぶことができる子どもを育てることですから、「文部科学省に言われなくても、こうやっています。そして、こうなっています」と言っていただければよいのです。

**菊池** アクティブ・ラーニングに関する本を読むと、「全く新しい概念か」との問いに、「小学校における様々な教育実践こそがアクティブ・ラーニングです」と書かれています。そうなると、小学校の先生は「なんだ今までどおりでいいんだ」と安心してしまって、変わらないままになってしまいます。今問われていることは、技術的なことではなく、主体的に学ぶ子どもを育てていこうという、教育の目的の転換のはずです。したがって、技術的な手法をいくら取り入れても仕方がないわけです。どんな人間を育てるのかという目的を一人ひとりの教師がもつことが必要だと思うのです。コミュニケーションが生きる土台なのですが、その土台づくりが重視されていないと思うのです。

**鈴木** そのとおりですね。与えられたり、あめやむちをきっかけとして学んだりするのではなく、内発的な好奇心で学ぶ人間の育成が必要です。一人の子どもの大事な人生を預かるのですから、本気で向き合わなくてはいけません。教養教育は、板挟みにあった先人・先哲の物語だと思うのです。板挟みにあった教師の生き様についての物語に共感して、学んでみようという気持ちが起こり、サイクルが駆動するのではないでしょうか。アクティブ・ラーニングの基本にあるのは、Project-Based Learning（課題解決型学習）です。板挟みを乗り越えたいと思ったときに、学ぶ意欲が生まれてくるのです。教育現場は、毎日が板挟みの連続です。その板挟み状態を見て見ぬふりをするのか、直視してなんとか解決しようとするのかが、教師としての大きな違いです。

## 制度の変革ではなく文化の変革を

**菊池** 子どもに対して、「この子は、いずれ自分を超えたすごい人間になる」と思いながら接することができるかどうかだと思います。教師の覚悟というのは、自分の全人格をかけて子どもが高みに行くことを信じて向かい合うということではないでしょうか。板挟みを避けて、何か起こったら自分以外のせいにする。そうした教師のいいかげんな言動を見た子どもたちは、崩壊していきます。悪しき一斉指導の考え方から脱却できていない教師が少なくないことは否定できません。学校現場は、文部科学省から教育委員会、そして、校長、管理職という流れの中で、文句を言いながらも従っているのが現状です。地域による差も大きいと思いますが、地域ごとに基底カリキュラムがあって、それを忠実に遂行することが求められています。

**鈴木** それは、制度ではなく、文化の問題だと思います。教育委員会の方々とお話をしていると、どうしてこんなに学習指導要領に縛られているんだろうと思います。学習指導要領と学習指導要領の解説が区別できていないのではないかと思うこともあります。学習指導要領は、守らないといけませんが、解説はあくまでも参考資料です。公教育が硬直している現状の問題の多くは、学習指導要領の解説と指導要録にあると思っていますので、今回は、それを劇的に変えたいのです。先日、国際バカロレア認定校の外国人の教員の方とお話ししました。その方は、事前に日本の学校制度や学習指導要領の内容など徹底して調べられたそうです。その上で、「日本の教育は、ものすごく現場の自由度が高い。シンガポールにいたときは、制度でガチガチに縛られていた」とおっしゃっていました。様々な規則も長い歴史の経過を踏まえ相当慎重に書いてあります。現場が勝手にそれを硬直して解釈してしまう文化があるように思えてなりません。フランスの哲学者であるミシェル・フーコーが言うところの「規律訓練型権力」です。支配される側が権力を想像してしまうのです。基底カリキュラムに対してアクティブになっていただき、現場の中でアレンジしていただきたいのです。教員文化を変えることは難しいと思いますが、そこを変えなくては、本当の教育改革はできません。教育委員会は文部科学省に対してアクティブに、学校は教育委員会に対してアクティブになる必要があります。今一五歳の子どもは、一〇〇歳まで生きると二一〇〇年まで生きることになります。二一〇〇年というときが、一体どんな時代なのか想像もつきません。でも、その時代を生きなくてはいけない子どもたちと向き合っているのが教師なのです。小学校・中学校の時代は、人生のOS（Operating System＝コンピュータのシステム全体を管理するソフトウェア）を構築する年代です。現代は、近代という時代が終わろうとする三〇〇年ぶりの節目と言われています。この五〇～一〇〇年間は移行期で、ありとあらゆる知恵を総動員して乗り越えていかなくてはならないほど困難な時代になると思います。大きなリスクと、とてつもないチャンスがあります。お手本のない激動の時代を生きる子どもたちの基礎・基本となるOSをどのように身につけてあげられるか。私は、これまでいろいろな仕事をしてきただけに、教員という仕事の面白さが分かります。仕事の難易度が上がるということは、

それだけ貴い仕事をしていることの証です。子どもが本来もっている力は、すごいものがあります。小学生は一日、中学生は一週間、高校生は一か月で、大きく成長します。自分の努力がこんなに実る仕事は、教師という仕事をおいてほかにはありません。

**菊池** 退職する前の最後の教室は、感動の連続でした。デジカメで、子どもたちの様子を記録していましたが、毎日が名作劇場だと本気で思いました。アクティブ・ラーニングを進めていけば、個人の内側の変容というところに必然的に行くというのが私の思いです。知識・理解一辺倒ではなく、関係性の中で生まれる個の変容に教育の醍醐味があります。関係性で生まれる個の変容をめざして、そこの部分を豊かにしてあげると、学力はあっという間に上がるという実感がありました。教室と社会は基本的には同じだと思っています。教室の中で行っていることは、基本的には大人社会と同じ手法です。であればこそ余計に基本となるOSをどのような教育観に基づいてつくってあげられるかが重要だと思うのです。私たち菊池道場は、「アクティブ・ラーニングのその先へ」という思いをもって、方法ではなく、何のためにアクティブ・ラーニングをするのかという「めざす人間像」を事実で示したいと考えています。

鈴木　スキルを身につけることを目的としてアクティブ・ラーニングを導入するのではなく、アクティブ・ラーナーとして成長させるための授業観、価値観、人間観が問われるのです。その意味で、現在、授業観、価値観、人間観の変容なき中で起こっているアクティブ・ラーニング・バブルは気になります。先生方には、アクティブ・ラーニングをアクティブに取捨選択してほしいのです。

## 凸凹が起こす科学反応

菊池　教育という世界には、変革を嫌う風土があって、「今のままでこの先も行ける」と考えることが美しいと思っているのかと疑ってしまうほど変化がありません。従来どおりのことをきちんとするのが大切で、伝統を絶やしてはいけないと思っているのです。

**鈴木** 教育界の外からその様子を見たら、滑稽なことです。変化に対応できる人だけが生き残ることができるのです。伝統は革新があるから続くのです。そうしたことになかなか思いが至らない。でも、子どもは勘がいいですから、直感的に生き残っていくものとそうでないものは本能的に分かります。今、教師の生き残りをかけた真剣勝負の時が来ています。今のままで大丈夫だと思っているとしたら、大きな間違いです。先生方は、もっともっと楽しんでほしいと思います。私が今広めたいと思っている言葉にオーストリアの哲学者であるイヴァン・イリイチが提唱した「conviviality」があります。皆が生き生きと盛り上がっている、白熱している状態を言います。「共愉」と訳されています。人と人との唯一無二の存在同士の一期一会の出会いを、大いにエンジョイしてほしいと思います。それが学校であり、授業という場です。子どものときに、しっかりとした基礎基本をつくってあげると、その後の人生を楽しく生きることができます。知識は、eラーニングで入ってくるようになる時代に、学校が生き残ることができるのは、子どもたちのアクティブスイッチをどのように入れられるかという点です。その意味で、菊池先生が言われている凸凹を生かす指導がとても大切です。一斉指導では、凸凹をなくすことが課題でした。これからは、凸凹が科学反応を起こしたときの楽しさをエンジョイしてほしいと思います。

**菊池** その視点がなければ、アクティブ・ラーニングが始まったとしても、ブームで終わってしまいます。私は、私が出会った子どもたちが頑張って残してくれた事実をもとに、これからも挑んでいきたいと思います。

dialogue02

# 公教育だからこそできること

菊池省三 × 藻谷浩介（日本総合研究所調査部主席研究員 地域エコノミスト）
Kosuke Motani

**【対談者紹介】**

**藻谷浩介**（もたに・こうすけ）

一九六四年山口県生まれ。東京大学法学部卒。日本開発銀行（現・日本政策投資銀行）等を経て、株式会社日本総合研究所主席研究員。地域エコノミスト。平成合併前三二〇〇市町村の全て、海外一〇六か国を私費で訪問し、地域特性を多面的に把握。地域振興や人口成熟問題に関し研究・著作・講演を行う。著書は、「世界まちかど地政学」（毎日新聞出版）「里山資本主義」（角川書店）、「デフレの正体」（角川書店）、「世界まちかど地政学ＮＥＸＴ」（文藝春秋）など多数。

ベストセラー「里山資本主義（角川ｏｎｅテーマ21）」の著者として知られる藻谷浩介氏は、お金だけに頼らない新しいモデルを提唱し、地域振興や人口成熟問題に関し精力的に研究・著作・講演を行っている。受験学力を否定し、世界に通用するコミュニケーション力の育成の必要性を訴えている藻谷氏が、菊池省三の実践に触れ、公教育のもつ可能性について熱い議論を交わした。

## 教え子との共著

藻谷　菊池先生が、教え子の吉崎エイジーニョさんと書かれた「学級崩壊立て直し請負人　菊池省三、最後の教室」（新潮社刊）を読みました。たいへん感動しましたし、大事だけれどもこんなに難しいことを子どもたちに指導しているのかと、正直とても驚きました。「価値語」として紹介されている、「公の言葉を使いなさい」「話は一回で聴くのです」「世のための人のために何をしていますか？」など、今の大人にこそ教えるべき話です。

菊池　こういう言葉や考え方を、今の子どもたちは何も教わっていないので、スポンジに水が染み入るように、納得して入っていくというのを感じます。現在の教室や社会は、こうした言葉を分かっていないですし、価値を置いていないと思います。

藻谷　国会でも大企業の会議でもできていませんね。世界に通用する日本人になるには、円周率を覚えるよりもこっちでしょう。

菊池　公教育の現場は、「こうあるべきだ」という理想とは、実際はかけ離れてしまっています。それにも関わらず、「子どもは天使みたいなもの」などという建前に覆いつくされていて、教師として語ってはいけないタブーのようなものを私は感じていました。生々しい現場の様子を世間に出すことはよくないことだという空気がありました。一人ひとりの先生の中にも、学校にも、教育委員会にもそれがあって、あるべきイメージが一人歩きしています。私は、そんなタブーに挑戦するつもりで、教室の様子をリアルに伝えようと様々な本を書いてきています。この本も、その点では踏み込んだつもりでまとめたものです。

**藻谷** 現場で実践できるように書かれていますよね。菊池先生が吉崎さんに「ふーん、なるほどね。そういう見方もできるね」と返すところがありますが、こういう柔らかな双方向性が大事なのだとも分かります。

**菊池** 藻谷さんが本にも書かれていた「対話の面白さ」を、この本をつくる過程の中で私は味わったという気がします。対話をする中で新しい気づきもいろいろありました。先ほどご紹介いただいた「学級崩壊立て直し請負人　菊池省三、最後の教室」の中に出てくる堀之内孝太君（仮名）という子がいました。彼が五年生の時から二年間担任をしましたが、五年生の最初の頃の写真がその本にも掲載されています。授業中、机にうつ伏して寝ています。周りの子たちもそれを気にする様子もありません。そんな実態でした。

## 公教育だからこそできること

**菊池**　私が北九州の地元で教師向けの研修会を開催すると、クラスの子どもたちがよくそこに参加しました。

**藻谷**　教員同士の研修会に子どもたちが来ること自体が、画期的ですね。

**菊池**　はい。最後のクラスの子どもたちが卒業したあとの四月一一日にも研修会を行ったところ、卒業したばかりの何人かの子どもたちがやってきました。その中に堀之内君もいました。二年間で劇的に成長したことの証であり、私自身もとても驚きました。その彼が参加している教師たちの前でスピーチをしました。まだ二日しか中学校に行っていない段階ですが「中学校の先生は怒って変わらせようとするんですよ。でも、菊池先生はそんなんじゃなくて、まず友達を変わらせて、その友達が僕を変えてくれました。菊池先生のやり方が僕はいいと思います」と最初に言いました。これは名言ではないかと思いました。クラスの中は「二：六：二」と言われます。頑張っている子が二割、普通の子が六割、パッとしない子が二割です。「二：六：二」が「八：二」になって、ＳｕｐｅｒＡが出てくることで、クラスの皆が成長していったということを下の二割にいた彼が体験的に理解して、その場で話したことは、参加した先生たちにも感動を与えてくれました。私は、今の社会、これからの社会に対して、素晴らしい価値観をもって責任をもって生きていこうという人間を育てるということを、公教育だからこそできるという立場で、多くの先生たちと力を合わせて頑張っていきたいなと思っています。

※SuperA　B→A→SuperA　という成長の段階

**藻谷** 下の二割の子を置き去りにしない仲間づくりというのは、下の二割の子にとって素晴らしいのはもちろんですが、SuperAの子にとっても得難い学習体験なのではないでしょうか。実社会に出てから求められるのは、周りを巻き込んで場を改善していく力であり、これは問題児のいないエリート校では身につかない力だと思うのです。中学や高校でも、小学校で学んだこの力を忘れないでほしいものです。

**菊池** 中高生は、どうしても多感な時期ですから、その期間の振れ幅は多少大きくても、小学校時代によい経験を積んでおけば、二〇歳を過ぎて落ち着いたときにそのことを振り返りながら、それなりの人間になるのではないかという思いをもっています。

**藻谷** 実感をもって賛同します。中学、高校と進むにつれて、どんどん瑣末な知識ばかりを詰め込まれるわけですが、「漆塗りにたとえれば、後々何を上塗りされたとしても剥げないような、強固な下地を塗っておくのが小学校教育だ」と、私は小学校の先生の集まりで話したことがあります。上塗りの知識は年々剥げ落ちるわけですが、人間としてのしっかりとした下地、たとえば菊池先生の実践されているようなコミュニケーション能力が身についていることこそが大事ではないでしょうか。

## 「ゆとり教育」の時代を振り返る

**藻谷** 私はそのような考えですから、教科書を薄くする「ゆとり教育」が提唱されたときに、「文部科学省もたまには正しいことをするものだ」と感心していたのですが、菊池先生はどのように受け止められていたのですか。現場は混乱し大変だったとも聞きます。

**菊池** どの政策にもメリット・デメリットは、必ずありますから、先生による受け止めはずいぶん違うと思いますが、教科書が薄くなっても、多くの先生方の負担感は変わらなかったと思います。その時代は、いろいろな子どもが出てきて対応に苦慮し始めた時代でもあるからです。特別な支援を要するお子さんや外国にルーツのあるお子さんが、教育現場に増えてきました。教師がそれに十分に対応できる教育も受けていないし、対応できる教育観ももっていなかったのです。負担感だけが増えていったときだったと思います。

**藻谷** なるほど。最低限自分の教育観があれば、手法を教育されていなくても手探りでも工夫し対応することはできますよね。

**菊池** 教師自身が、受けて来た一斉授業型の教育観しかもっていないわけですから、対応できるわけがないのです。そういう中では、下位の子に対しては「みんなの邪魔にならないように」と排除の理論をはたらかせて追いやってしまい、追いやられてしまった子は学びではない別のところに逃げていきました。学校現場は余計にしんどくなっていきました。教科書が薄くなったからといって、それをうまく活用して目に見える知識だけでなくて、生きる力を育てようというところまで行けなかったというのが実際だったと思います。

**藻谷** うーん、「知識よりも生きる力を」という政策の理念自体は正しかったと思うのですが、理念倒れで、現場での実践にはつながらなかったと。

**菊池** 文部科学省は、学校の指導方法を学校の先生に任せたのですが、それに対応できる指導力がなかったわけです。ちょうどゆとり教育が批判されてきて、「学力かゆとりか」と揺れ動いていたときに、私のクラスでは「小学生が作ったコミュニケーション大事典（二〇〇五年・あらき書房刊、二〇一四年・中村堂・復刻版刊）」という本を一年間かけて、全員でまとめました。現場にいた私は、学力もゆとりもどちらも大事で、二項的にどちらが重要だというようなことを簡単に言えるものではないと考えていました。ゆとりのよさも生かして、

総合的な学習という時間ができたのだから、こういうものもできるということを示したかったのです。子どもたち全員がパソコンで原稿をまとめましたから、ローマ字入力をできるようにしなくてはいけなかったので、そのあたりも徹底してやりました。基礎学力もきちんとつけさせる取り組みでもあったわけです。一生の宝物になるようなものをつくるということで、子どもたちの事実をもって、ゆとりの時代の在り方を示したかったのです。

**藻谷** まさに、一生の宝物ですね。本を書くということは、なかなか体験できることではありません。そして、この本には、生きる力というか、人間の基本・社会性の基本というか、卒業後も一生かけて追及すべきことが書かれています。これができたら、外国でもどこでも通用する人間になれますね。

**菊池** 一般性でもあるし、相手や目的、場所が変わっていけば、具体的に対応しなくてはいけないことは変わっていくわけで、これでいいというゴールはないわけです。でも、小学校のときに、友達との関係の中で、コミュニケーションを大事にしたという経験があれば、大人になってから本当に役に立つ生きる力につながっていくと考えているのです。公教育は、いろいろな子がいるだけに多様性が保障されて、面白いところだと思うのです。

**藻谷** いろいろ違う子がいたからこそ、こういう本ができたということなのですね。

**菊池** 違いがあるからコミュニケーションをするわけですよね。学校にはいろいろな子がいるから、広い場をつくることができる。そして、それこそが公教育の売りのはずなのに、それを狭めて学力テストの点数を上げることが目的になってしまって、場づくりができない状況になっています。結果的に場を狭めようとしていて、目的が見えなくなってしまっています。学校も会社も地域も同じような状況ではないでしょうか。コミュニケーション能力を、学力の中にきちんと位置付ければ変わってくると思います。ただ、今、コミュニケーション教育が大切だと言われ始めていますが、これまでの多くの要素の中に、もう一つコミュニケーションというものを加えるという発想のレベルなんですね。

**藻谷** 「小学生が作ったコミュニケーション大事典」は、「現代の『学問のすゝめ』」と言ってよいのではないでしょうか。この本で身につくコミュニケーション能力は、単なるアプリケーションの一つではなく、あらゆるアプリケーションをその上で走らせることのできるオペレーションシステムであって、人間形成や学問の土台になるものです。

菊池　私が考えているのは、凸凹している現場をうまく活用して、調和するような教育です。そこには必ずやコミュニケーションが必要なのです。

藻谷　知識を与えるという点ではよくできた日本の教育。基礎の部分にコミュニケーション教育を加えれば、鬼に金棒でしょう。

# dialogue03

# 自らの力で未来を創り出す子どもを育てる

菊池省三
×
南郷市兵
Ippei Nango
（ふたば未来学園高等学校副校長）

【対談者紹介】

**南郷市兵**（なんごう・いっぺい）

一九七八年東京都生まれ。慶應義塾大学卒。文部科学省初等中等教育局視学委員。二〇一五年四月開校の福島県立ふたば未来学園高等学校に副校長として派遣。東日本大震災の被害からの復興を担う力を育成する創造的復興教育に取り組む。中央教育審議会初等中等教育分科会教育課程部会「生活・総合的な学習の時間ワーキンググループ」委員。

※二〇一九年四月、ふたば未来学園中学校が開校し、ふたば未来学園中学校・高等学校として中高一貫教育がスタートした。

東日本大震災によって発生した福島第一原子力発電所事故のため、福島県双葉郡の高等学校は福島県内各地に分散した。この状況を乗り越えて、復興を実現するために必要な人材の育成をめざして、二〇一三年「双葉郡教育復興ビジョン」が取りまとめられた。そのビジョンの柱の一つとして「ふたば未来学園高等学校」が二〇一五年四月に開校し、初代副校長として文部科学省から南郷市兵氏が派遣された。菊池省三と南郷先生は旧知の仲。どんな出会いが二人の間にあったのか。（本対談は、福島県福島市で菊池道場福島支部が主催した「機関誌発売記念セミナー『成長の授業を創ろう』」（二〇一七年四月九日）の中で行われた。）

## 出会いは「成長の授業」

**菊池** 私が、南郷先生と最初にお話をさせていただいたのは、二〇一一年一月でした。その年の元旦に朝日新聞が、私の実践を全国版の一面で取り上げてくださいました。それをご覧になられた鈴木寛文部科学副大臣（当時）から、熊本に行った際に会えないかとお声かけをいただいて、福岡空港のＶＩＰルームで一時間ほどお話しさせていただきました。一月七日か八日だったかと記憶しています。その際に同行されていた南郷先生が、その後一月下旬に、当時勤務していた北九州市立貴船小学校の私の教室にお越しくださったのです。その時のことをお話しいただけますか。

**南郷** 私は、当時文部科学省に勤めていました。学級や学校をどんどんよくしていく実践ができる時間として、特別活動が大好きでした。受動的に学ぶだけではなく、主体的な学びの時間として特別活動を考えていました。そんな興味をもって菊池先生の授業を見させていただいたのですが、あの時の貴船小学校六年生の菊池学級の雰囲気というのは、私が今まで全国のいろいろな学校を見てきた中で特別だと感じました。今でも、私はそのことを人に話すことがあるほどです。何が特別かと言うと、成長するということに異様に子どもたちが集中しているのです。貪欲すぎると言っていいくらいに。こんな六年生は見たことないというほどです。話し合いの力というのは、もちろん強く感じましたが、それ以上に、自分をよくしていこう、学級や学校をよくしていこうということに自覚的に取り組んでいるのです。小学校でこういうことができるんだということにすごくびっくりしたことが印象に残っています。

**菊池** ありがとうございます。見ていただいた教室は、六年生でした。五年生の時には大崩壊していた子どもたちです。ある女の子は、四年生の時にみんなに無視されて、本気で自殺を考えていたと話しました。道徳の授業で感想を述べるときに、突然カミングアウトして、泣きながらそういうことをしゃべったのです。今、南郷先生に過分なおほめの言葉をいただきましたが、私の三三年間の教員生活の中でも、子どもたちが飛躍的な成長を遂げた学級の一つでした。南郷先生とはその時からお付き合いをさせていただいています。鈴木寛文部科学副大臣（当時）のもとで「熟議」をご担当されていて、私の教室で行った熟議をパンフレットにもしていただきました。※本書一四ページ参照

**南郷** そうですね。私は、現在、縁あって福島のふたば未来学園の副校長を務めさせていただいています。菊池先生にお会いした二か月後の三月一一日に、あの忌わしい東日本大震災が起こりました。菊池先生の教室にお伺いして大きな衝撃を受けたわけですが、私は率直に、「今こそ、生きる力の育成のために、話し合いを通して、子どもたちが、自分の力で学校を

創っていく。さらには、学校を飛び出してよりよい社会にしていくという活動をやりたい」と強く思いました。そんな思いで今ご紹介いただいたリーフレットをつくりました。そして、震災の起こる四日前の三月七日に開催された中央教育審議会教育課程部会で、刷り上がったばかりのリーフレット（子どもたちの話合いと実践で創り出すよりよい学級・学校生活【小学校版】子ども熟議のすすめ）を配布いたしました。私は、震災後、福島の現場との連絡担当になりまして、福島県内の市町村教育委員会を行脚しました。最初に福島入りしたのは、三月一七日だったと記憶しています。震災から一週間後の段階で、岩手県の大船渡では、中学校の生徒たちが、自分たちも被災者なのに地域に飛び出して復興支援活動を始めていたのです。今こそ生徒会の力を見せるべきだということを言って活動が始まっていたのです。私はそんなことを耳にして、いろいろな支援を現場におつなぎするということだけではなく、今こそ、東北の大変な被災をした学校から、新しい活動を生み出していこうということを思ったのです。その意味で、菊池学級で見た子どもたちの成長を志向する姿が、今日の私の活動のスタートになっていると言えます。

## 学校を創る

**菊池** 最後にお会いしてから、何年かぶりに再会させていただいたのが、あるセミナーでの講師の依頼があって東北にお伺いしたときです。休憩時間で私が外に出ていた時に南郷先生から声をかけていただきました。その時の第一声が、「福島に新しい学校を創っています」ということでした。その「ふたば未来学園」について、お話しください。

**南郷** ふたば未来学園に関する報道は、どうしても目立つ派手な部分だけが伝えられているという気がしています。核心部分として、私たちが何をめざしているかということがあまり報道されていないのです。学園の目的を一言で言うと「菊池学級を学校全体に広げ、それが成し遂げられるような仕組みをつくる」ということなのです。双葉郡は、原発事故で避難地域に指定されてしまったわけですが、その中でいちはやく帰還した広野町に学校をつくりました。初年度に入学した子どもたちの約八割は、避難を経験しています。県外に避難をして、そこで大変な経験をして、そしてまた双葉町に集まった子どもたちです。自分自身をなんとか変えていきたい、あるいは、この地域を何とかしたいという意欲をもった子どもたちが集まっています。「変革者たれ」という建学の精神は、机上で言っているだけのものではなくて、私は本気でそのように思っています。双葉の街が元に戻るには、三〇～四〇年かかると言われています。今、本校にいる子どもたちが五〇～六〇歳になるまで時間がかかるということです。大人の責任でこうしてしまった現実を、子どもに押し付けるというのは違うと思いますが、こういう社会の中でも力強く自分たちで生きていく力を育てるためにはどうすればよいかと考えたとき、受験学力だけではないだろうと、めざす学校像として考えたものです。失敗を恐れず挑戦するということを、応援したいと思っています。地域を取材して課題を演劇に表現するという授業を一年間で三〇時間行います。何のためにするかというと、電力会社が悪いとか、帰還しない人は故郷を捨てた人だとか、そういう一面的なものの見方をするのではなく、双方の立場の話を聞いて、それを会話劇で表現してみるのです。これは、物事を多面的に見るということと、福島県内で最も学力層が幅広い学校の中にいる様々な子どもたちが一つのグループで活動することでコミュニケーション力を育てていくことをねらいとして行っているものです。

## 育てたい力

**菊池** 今、受験学力のお話がありましたが、私は今、受験学力の是非についてとても興味をもっています。現在の小中学校の現場は、全国学力・学習状況調査（全国学力テスト）の影響が大きく、学校教育がやせ細っていると感じる状況があります。その点で、南郷先生が文部科学省で特別活動に取り組まれ、ふたば未来学園で様々な取り組みをされてきたご経験から、いわゆる受験学力についてどのような考えをおもちかお聞かせいただけますか。

**南郷** 次の学習指導要領の改訂作業のための中央教育審議会初等中等教育分科会教育課程部会「生活・総合的な学習の時間ワーキンググループ」の会議に参加させていただきました。その中では、高等学校の在り方がずいぶんと話題になっていました。身につけた知識を生かして活動する中でコミュニケーション力や課題解決力を身につけていくことを私たちはめざしています。人から教えてもらう学びだけではなく、実社会の中で実践をして、成功したり失敗したりする過程を通して学びを深めていくということです。そして、それは全国の小中学校ではかなり進められていると思うのですが、高等学校の学びの状況について、会議の中で厳しい批判が出されたのです。私が危機感をいだいているのは、高等学校は世の中に出て行

く最後の学習段階ですから、三〇年先、四〇年先の社会を想定しながら教育活動を行っていかなくてはならないはずなのに、そうした学びが少なく、進路指導、進路実現が中心になってしまっているということです。教科指導には二段階あると思っています。一つは、教科的なものの見方、考え方や思考力、社会科でしたら歴史的な思考力を育てるような指導です。もう一つは、それをさらに進めて、福島を例にすれば、今の福島の状況に歴史的な思考力を当てはめて、どう課題を解決していくか、あるいは自分はどう生きていくのかというところまで教科を超えて考えていく必要があるのではないかと考えています。

**菊池** 私の考える「『授業観』試案②」（次ページ）でお示ししているのですが、「1年間を

## 菊池省三が考える「授業観」試案② ver.1

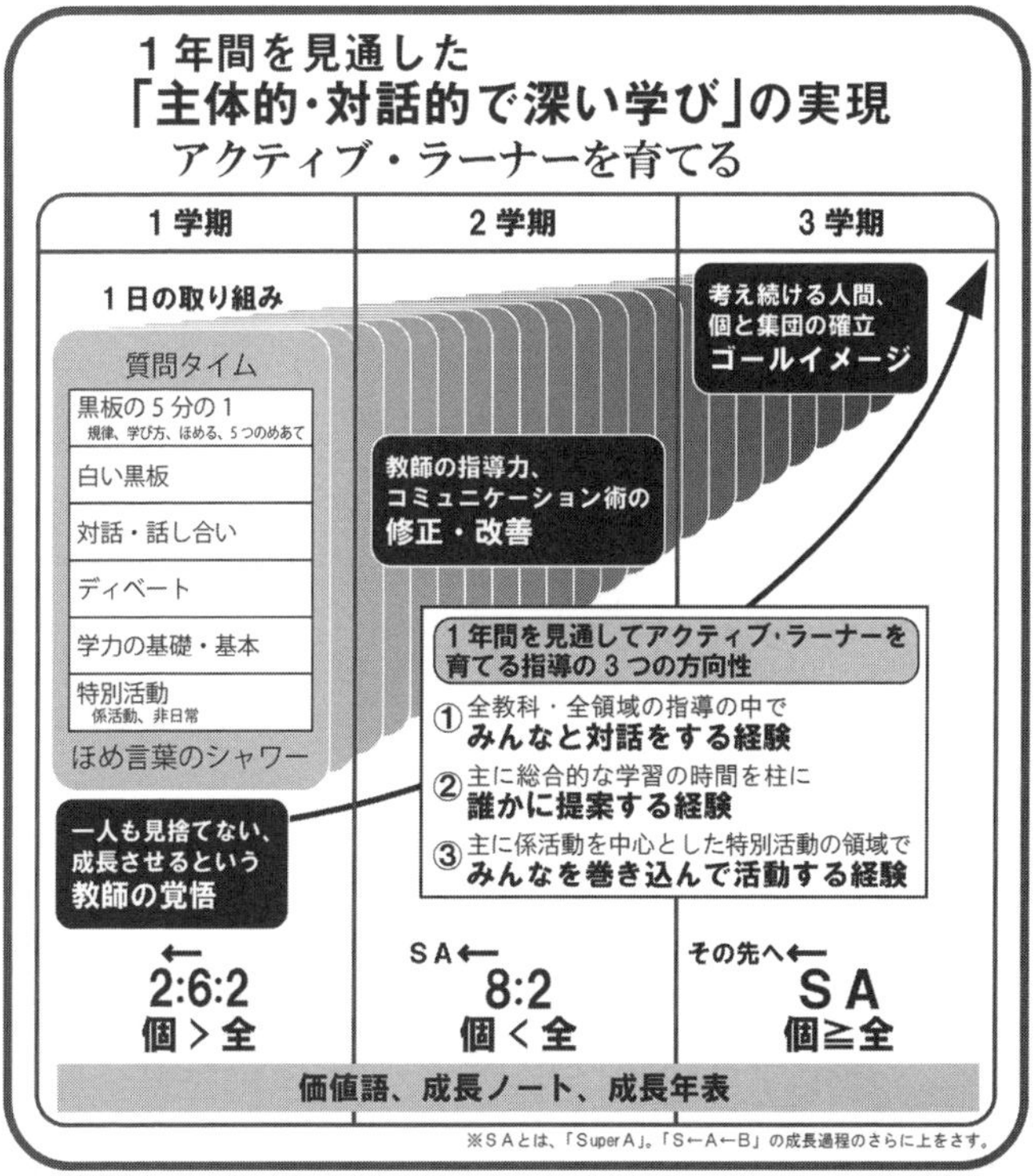


※SAとは、「Super A」。「S←A←B」の成長過程のさらに上をさす。

見通してアクティブ・ラーナーを育てる指導の3つの方向性」とし、「みんなと対話をする経験」、「誰かに提案する経験」、「みんなを巻き込んで活動する経験」を考えています。南郷先生の学校は、ダイナミックにこの三つの視点でグループ活動に取り組まれているのではないかと思いました。

**南郷** 菊池先生のこの「『授業観』試案②」は、共感をもって見させていただきました。私たちの学校でやろうとしていることを端的に表していただいているなと思います。高校生段階では、「みんなで」の部分が学校の中にとどまるのではなく、実社会にまで拡大していってほしいと、私は子どもたちに話をしています。島根の海士町で［in］［about］［with］［for］というコンセプトが出されています。小学校の低学年では地域に浸る［in］、中高学年では地域のよさを見つめる［about］、中学校や高等学校では地域とともに活動する［with］、そして最後には地域に貢献をする［for］という四段階です。双葉郡でもこれを取り入れさせてもらっています。ふたば未来学園では［for］の段階として、アグリビジネスという食と農業、商業を結びつけた活動をしていて、地域の中学校に行って給食メニューの提案をしています。「みんなを巻き込む」というときの「みんな」の範囲を実社会にまで広げていきたいと思っています。学びのフィールドも、学びの対象も、学ぶ動機も、全部実社会にしていきたいというのが私の強い思いです。

**菊池** ふたば未来学園で育てたい力の一つとして、「寛容さ―異文化や考えの違う他者を受け入れ、思いやるあたたかさを持ち、協調して共に高めようとすることができる」と書かれています。私が三三年間いた北九州市の小学校の教室にも、いろいろな子がいて、排他的にならないで、一人ひとりが違うと認め合ったうえで、温かい集団、学級をつくろうとしてきました。そのための方法として、ほめ言葉のシャワーで子ども同士がつながり、成長ノートで教師が子どもたち一人ひとりとつながっていく、という方法を生み出しました。

**南郷** ふたば未来学園を開校した当時、教員全員で、子どもたちの三年後の姿をどのように描き、実現させていくかということを白紙の状態で議論しました。その時に、寛容さというキーワードが多くの先生方から出てきました。避難をし続けている人と帰って来た人、放射線が安全だと言う人と危険だと言う人、考えが違う中で、相手を論理的に論破しても何も解決しないし、誰も幸せにならないですよね。そんなことを、皆が実感し始めていたことが背景にあります。考えの違う人をユーモアをもって接する包み込める温かさが大切だという考えにたどり着きました。このことは、大学入試制度が変わってくる中でよい方向にはたらくと思っていますが、それ以上に、これからこの社会で生きていく上で、身につける必要がある力だと考えています。

**菊池** 私は、ディベートを軸とした対話・話し合いの授業をしてきました。個の確立した集団づくりをしていく上で、ディベートは大切な基礎を創ることができます。冒頭の熟議もそうですが、いろいろな立場の人が集まって熟考を繰り返して、みんなで新しい価値を創造していく。そういう対話・話し合いが、教育の根底には必要だと強く思っています。

**南郷** 同感です。東日本大震災は、私たちの想像を超えた出来事で、「未来は予測できない」と本当に思います。ただ、そのような状況にあって未来を予測する最もよい方法は、自ら未来を創り出すことであると思うのです。

**菊池** そうですね。智慧を出し合って未来を創っていくということですね。深い対話、対話する力がとても大事になってきます。繰り返しますが、「『授業観』試案②」でお示しした「三つの方向性」が、その土台だと私は考え、提案しているわけです。

**南郷** 「ふたば未来学園で育てたい力」の「表現・発信力」の項目で、「どのような場でも臆することなく自分の考えを発信でき、他者の共感を引き出せる」としています。これは、菊池先生の教室を見たときに思ったことです。原稿用紙にまとめたことを読むのではなく、どんな局面でも表現・発信ができる力を育てたいのです。本校の子どもたちは、県外に行ったり、海外に行ったりしたときに、突然、「福島って住めるの？実際住んでいて大丈夫なの？」といつも聞かれます。福島のことに限りませんが、そうした場面で自分の考えをきちんと話すことができないと、それが風評や誤解につながっていってしまいます。自らの力で未来を創り出す子どもを育てたいのです。

## dialogue04

# 考え続ける人間を育てる

菊池省三
×
下村健一（白鴎大学特任教授）
Kenichi Shimomura

【対談者紹介】

**下村健一**（しもむら・けんいち）

一九六〇年東京都生まれ。白鴎大学特任教授、令和メディア研究所主宰、ＪＩＭＡ（インターネットメディア協会）理事。東京大学法学部卒業、一九八五年ＴＢＳ入社、二〇〇〇年からフリー。報道アナウンサー、企画ディレクター、番組キャスター等に従事。二〇一〇年民間登用で内閣審議官に着任、民主・自民三政権で首相官邸の情報発信を担当。著書に、「10代からの情報キャッチボール入門」（岩波書店）、仕掛け絵本「窓をひろげて考えよう」（かもがわ出版）等。

小学校国語五年の教科書（光村図書版）に掲載されている教材「想像力のスイッチを入れよう」の著者である下村健一先生（白鴎大学特任教授）は、菊池省三のドキュメンタリー映画「ニッポンの教育」を観て、意気投合。下村先生と菊池のコミュニケーション教育を巡る対談が実現した。（この対談は、二〇一八年五月五日に開催された菊池道場栃木支部主催セミナーの場で行われた。）

## 三つの想像力を育む

**下村** 私は現在、全国の教室を訪問して、国語の教科書に書いた教材などを使い、「三つの想像力」についてそれぞれ授業をしています。

①情報への想像力開発授業
②他者への想像力開発授業
③未来への想像力開発授業

菊池先生のお話を聞かせていただくと、私がこれまで使ってきた言葉と、菊池先生の言葉が見事にシンクロしていることに驚きました。一五年以上にわたって、国語、社会、情報の領域で考えてきましたが、これから道徳の視点も加えていこうと考えているところです。

**菊池** そうですね。小学校では、情報リテラシーというと総合的な学習の時間の中で扱われることが多かったと思いますが、朝から帰りの会までの一日を通して、教師が伝えていかなくてはいけないことですね。

**下村** はい。全ての教科を横断する形で①の情報リテラシーは貫かれるものですし、子どもだけでなく、職員室での人間関係にも、モンスターペアレントへの対応にも有効にはたらくものだと思っています。想像力のスイッチを入れて、幅広く見るようにしないと、今の時代は対応しきれません。これまでとは情報に関する環境が変わり、不特定多数とつながるSNSが発達して、全ての人が、否応なく複雑な情報キャッチボールに巻き込まれています。これまでとは違うコミュニケーションの在り方を勉強する必要がありますし、それが人間関係づくりの土台になります。私は、そんなコミュニケーション教育が誰でもできるように「想像力のスイッチを入れよう」（講談社）という本の中で①〜③の授業の実際を紹介しています。本に細工があって、動画も視聴できます。例えば②は、街の看板を見て、それを取り付けたときの店を始めた人の気持ちを想像したり、自転車置き場に並んだ一台一台の自転車を観察してその持ち主のことを想像したりする「想像力散歩」という校外授業です。レッテル貼りの呪縛から解放し、個別にものを見る力をつけていくのです。この時、先生は模範解答を求めず、子どもたちの発言の一つ一つを心底面白がることが大切です。相手のことを想像できるようになることは、教室内のいじめにも、世界の戦争にも、根源的な抑止力となるのですから。

**菊池** 一人ひとりの個のストーリー、物語が語れる教師、集団としての教室のストーリーを語れる教師。一方的な見方ではなく、子どもたち一人ひとりへの豊かな想像力をもった教師をめざし、子どもたちにもその想像力を育ませる教師でありたいと思います。それが、考え続けること、学び続けることの土台になるということですね。

## ディベート、ディベート的な話し合い

**菊池** 菊池道場は「学級ディベート」を提案しています。勝ち負けを重視したディベートではなく、自分の立場を明確にしたルールのある話し合いの中で、他者への想像力はもちろん、お互いの情報の信憑性をゲームの中で徹底的に考えるトレーニングを通して、豊かに人間関係を育んでいこうとするものです。

**下村** 私が勤める白鴎大学では「『ほんとうの交渉力』コンテスト」というものを二〇一四年に初開催しました。相手を打ち負かすディベートに対する代替案のチャレンジです。共存していくことをめざして、相手のことをリスペクトしながら、お互いが納得できる合意形成ができたチームが勝ちというコンテストです。

**菊池** 子どもたちの場合、ゲームをするとどうしても勝ち負けにこだわってしまいます。でも、だからこそ、勝ち負けをはっきりさせつつも、日常の関係性を温かく想像し合って、相手を負かすのでなく、人と論を区別することを学びながら、それを通して思考の仕方を身につけさせるということですね。「正―反―合（注）」、あるいは対話を通して理解を深め合い、新たな気づき、発見に到達していく。そういった双方向のコミュニケーションこそが、今最も重

要だと私は考えています。

（注）ヘーゲルによって定式化された弁証法論理の三段階。ある判断と、それと矛盾する判断と、正反二つの判断を統合したより高い判断のこと。

**下村** おっしゃるとおりです。日本のテレビの罪深いことの一つは、特に討論番組において、ただただ紛糾してギャーギャー言っていて、それが議論の面白さだという変な価値観を一般化させてしまったことです。ケンカの方が視聴率は上がるので、番組をつくっている方々は確信犯的にやっているのでしょうが。本当に面白い議論というのは、意見の違う者同士が話しているうちに、始まる時にはどこにもなかった別の合意に向かって収斂していくことですよね。その醍醐味を、日本の視聴者は見て学ぶ機会を奪われています。

**菊池** やはり「正―反―合」ですよね。ゲームですから、勝ち負けはつけますが、本来めざすのは、「合意の形成」だと私も思います。菊池道場は、今回「道徳教育」についても提案をしました。それは、「行動選択能力の質を高める道徳」です。どちらかを選ばなくてはいけない局面で、「この方法があるんじゃないか、そういう方法もあるんじゃないか」と、「正―反―合」の「合」をめざした健全なディベート的な話し合いを通して行動選択能力の質を高めていく、そんな道徳教育を推進していこうという提案です。教室で寝ている子でも、暴れている子でも、必ずこの子は成長する、成長したいと思っていると、教師が信じられるかどうかがポイントだと思うのです。

**下村** 「成長」に関しては、私は「窓を広げる」という言い方をします。その中で重要なことは、「行き先についてのイメージビジョンをもっているか」ということです。三つの想像力の内の「③未来への想像力」です。これは、「未来同窓会」という授業実践です。設定は、「今日は、二〇年後です。久しぶりにみんなが集まった同窓会で、近況報告をしましょう」だけです。「二〇年後の自分のことを考えて」と言うと、「分かりません」と言う子が出てきますが、「今日が二〇年後だから、『分かりません』ということはありえません。お互いに質問し合って、聞き合いましょう」と呼びかけると、どんどん、いろいろな報告がされるようになります。この授業は福島県で始めました。「普通に未来を語れる授業をしてほしい」という避難生活中のある子どもの父親からの要望で始めました。「そこに行くまでに苦しいことはなかった？」「誰かサポートしてくれたの？」と声かけをします。すると、「あの子とあの子が会話をしているのを初めて見ました」と後で先生に言われるほど活発な意見交換が始まるのです。「未来は、『おじゃまします』と言ってそこに行くものではなくて、こうやって自分たちの手で本当につくっていくものなんだ」という話をします。すると、子どもたちの中にぐんぐん未来へのビジョンが湧いてくるのです。

**菊池** 人間の面白さとか、ものごとが分かってくる面白さとか、自分の未来に期待がもてる面白さとか、そういう元気が出る授業は、本当に大切だと思います。私も福島にお伺いしました。ある意味、一番大変な地域です。そういう地域に生きる子どもたちだからこそ、夢のある、希望のもてる元気な授業を考えなくてはいけないと改めて思いました。

**下村** よい想像力は、上から引っ張ってくれます。一方で、悪い想像力も重要です。「こうなっちゃったらどうしよう」と備えることで、転落しないように後ろから支えてくれるのです。福島の場合、大人がこのことを忘れてしまったのです。「絶対爆発しません」と言っていて、「もし爆発したらどうするのか」ということを考えなかったから、原発事故が起き、今日の状況を招いてしまいました。こうなってしまったことを、福島の子どもたちも分かっていますから、悪い想像力で支えることの大切さも話すと通じます。最初に言いましたように、③未来への想像力をはたらかせると、その中に②他者への想像力が出てきますし、判断するときの材料として①情報への想像力も育くまれます。どれも本当に不可欠です。

## ネット時代のコミュニケーション教育

**菊池** 私は以前、ある新聞社から依頼があって新聞を使った授業をしました。そこでは、新聞

とインターネットを比べる授業をしました。ネットのニュースにいろいろな見出しが並んでいても、結局自分の好きな興味のあるところだけをクリックします。新聞は、パラパラとめくれば見出しがあって、リード文があって、パッと見ただけで、政治や経済などいろいろなニュースが目に飛び込んできます。ネット社会になって、偏った情報しかもっていないのに、それが全てだと思うような生活になってしまっているのではないかと思います。

**下村** 全くその通りです。一人ひとりの検索履歴から、ネットの中で自動的に判断されて「あなたのほしい情報はこれでしょ」と出てくるようになっています。食べ物で言ったら、偏食の薦めがどんどん進んでいると言えます。バナー広告も、一人ひとりの嗜好性に応じたものが出てきます。これからもどんどん便利になっていくでしょうが、便利になるということは、自分の好きな情報だけにどっぷりと浸かって生きているということです。自動車社会にたとえて考えれば分かるように、交通事故が怖いから自動車に乗るのはやめましょうといっても、それは無理で、どうしても乗らざるを得ない時代です。では、どうするかということで考え出されたのが交通安全教育です。ネット社会でも、ネットは危ないからスマホを使うなと言ってももはや無理です。ネットの安全教育をしなくてはいけないのです。最近、中学・高校生時代に偏った情報にばかりネットで接しながら育ってきた子たちが大学に進んで来ていて、本当に怖いなと感じています。自分が見たくない情報に対する拒絶反応が年々高まっているのです。「こんなの見たくない」と、すごい勢いで情報の偏食が進んでいます。情報による分断社会です。その行きつく先がヘイトスピーチに代表される言動です。全然悪気はなくても、おかしな方向に追いやられてしまっている。そんな時代だからこそ、全然見たくない情報も視野に入る新聞は、これからも大切なメディアです。ネットでは、自分から積極的に取りに行かないと新情報に出会いにくい。だから、想像力のスイッチを入れようと訴えているのです。

**菊池** 情報の真偽を確認するのと同時に、情報に埋もれている自分たちが、どういう立ち位置で、どういう状況にあるのかということを、常に考えないといけないと思います。教室の子どもたちの中には、情報にどっぷりと浸かっている子もいるでしょうし、その子の家庭の方針で全く情報に触れない中で育っている子もいるでしょう。こちらが想像力をはたらかせて、一人ひとりの、あるいは学級のストーリーが語れるように、情報の真偽を確認しつつ、未来に向かって元気のある子どもたちに育てていかないといけませんね。

**下村** そこで重要なポイントが二つあります。一つは、それを相当急いでやらないといけないということです。子どもたちは、かなり危ない崖っぷちまで来ているのではないかと私は感じています。フェイクニュースの技術がかなり進んで、世界史の行き先が、そういう情報を真に受けてしまう大衆によって左右されるようになってきました。この先、日本語圏でも同じようなことが起こりますから、情報の安全教育を急ぐ必要があります。そうしないと、教え子たちがとんでもない方向に集団で走っていってしまうようなことになりかねません。走り出してから止めることは不可能です。走り出す前に止めないと。もう一つは、情報の安全教育をきちんと教えると、副産物として、普段の授業の空気がとてもよくなるということです。

**菊池** 私も、今こそコミュニケーション教育が学びの土台の土台として必要だと考えています。同時に、子どもたちは大変な状況にあると思いますが、全国の学校を訪ねる中で思うことは、先生方のセルフイメージが下がっているのではないかということです。新年度のスタート前に、必要以上にいろいろなことを心配していて、プラスのセルフイメージをもつことができていない先生が多いように思います。まず、私たちが元気を出して頑張らなければいけないわけですよね。

**下村** そうですね。子どもたちにアクティブ・ラーナーになろうと呼びかけるのであれば、先生自身が元気でアクティブでなくてはいけない。①の情報についての私の文章が光村の教科書に載ったとき、勘のいい先生から「私たちに覚悟をしろという話ですね」と言われました。つまり、教師が教師としての絶対権威の座に安住することが許されなくなるということです。先生が何か教えても、「他の見方もないかなあ」という子どもが出てくるようになると、その発言に対して先生が揺さぶられて、「そうだね」と一緒になってものの見方の枠を広げていくということが、先生たちに問いかけられるようになるのです。そういう意味で、情報リテラシーの授業は、かなり根源的なところから戦後の学校教育の在り方を変えていくかもしれないと思っています。

**菊池** ある方が対談の中で「子どもと一緒に共同探究者になる」ということを言われていました。一方的な授業ではなくて、教師と子どもが一緒に考えて、みんなで何かを見つけていく。そこに想像力とか、情報リテラシーを、これからの生き方を含めて考えていく。教科書の中で固定化された知識や情報を教えるだけの旧態依然とした授業を変えていこうということですね。その実現に向けて、私たちは楽しく元気に、仲間と一緒に学びを広げ、深めていきたいですね。

## dialogue05

# 子どもを育てるのではなく、人間を育てる

菊池省三×柴田愛子（りんごの木子どもクラブ代表）

Aiko Shibata

【対談者紹介】

**柴田愛子**（しばた・あいこ）

「りんごの木」代表。東京の私立幼稚園で一〇年間保育をした後、一九八二年に子どもに関わるトータルな活動をめざして、三人で「りんごの木」をスタートさせた。「子どもの心に寄り添う」を基本姿勢にしている。主な著書に、「けんかのきもち」（ポプラ社）、「あなたが自分らしく生きれば、子どもは幸せに育ちます」（小学館）、「今日からしつけをやめてみた」（主婦の友社）等、多数。

筒井勝彦監督のドキュメンタリー映画「こどもこそミライ」に収められた「りんごの木」の子どもたちの話し合いの場面は、衝撃的。そんな子どもたちを育てる「りんごの木」は、二〇一八年夏に開催した「第二八回夏季セミナー」で、筒井監督による菊池省三のドキュメンタリー映画を上映した。映画や菊池の著書に共感した「りんごの木」代表の柴田愛子先生と菊池の対談が、筒井監督の紹介により実現した。

## 子どもが感じていることに寄り添う

**柴田** 私は、高校生の頃から「子どもが『生まれてきてよかった』と思えるような人生をたどってほしい」という願いをもっていました。その思いを実現するために、幼稚園の先生になりました。勤め始めてすぐに違和感を感じました。先生たちの話している言葉や、やっていることの一つ一つが、子どもたちの生きる力とどうつながっているかが全然分からなかったのです。子どもが尊重されていないと感じました。でも、何をどうしていけばよいのか分からないので、自分にはもっと勉強が必要だと思い、いろいろな研究会に参加しました。一〇くらいの研究会に属しましたが、様々な方法があることは分かったものの、私自身がどうすればよいのか見えなくなり五年勤めた幼稚園を辞めました。みんな、勝手な子ども観をもって子どもを見ているという感じがしたのです。その後、一般企業に勤めましたが、子どもへの思いは続き、再び、幼稚園に勤めました。その後も勉強を続けましたが、そこにあるのは全部「大人の思い」ではないかという結論にたどり着きました。社会や大人が、どういうふうに子どもを育てたいと思っているか、どういう子をよい子と評価し、どういう子を悪い子と評価するのか、どれも大人の思いでしかなかったのです。「子どもをどう育てようかではなく、どう育とうとしているか」と、視点を子どもに移す必要性を強く感じました。そこで自分で保育施設を始めようと思い、千枚のチラシを撒いたら、三歳の子が二人来てくれました。そこからスタートしました。子どもは、二―三歳になると訳知り顔でいろいろしゃべるけれども、思っていることを本当に言葉にできているのだろうかと疑問に思いました。言葉以前の子どもを見つけてみたいと思ったら、言葉にならない豊かな心の動きが見えてきたのです。子どもはとても感じたがっている、感性の方が言葉の力よりも豊かで、言葉はだんだん育っていくけれども、感性は元からある、ということに気づいたのです。表情を見て、稚拙な言葉に耳を澄まし、行動を見ることで、子どもの内面が見えてきました。そして、子どもが感じていることに寄り添うようにしました。子どもが怒っているときに、「どうして怒っているの」ではなく「怒っているんだよね」と感じていることに寄り添ってあげると、「そうだよ！」と気持ちを開いてくれます。子どもは、訳を知ってほしいのではなく、共感してほしいのです。共感してくれる人が身近にいることで、子どもは健康に育っていくのだと分かりました。共感を経験した子どもは、大人の顔色をうかがうことなく、自分の感情や本音に言葉を乗せていくことができます。菊池先生のドキュメンタリー映画の中で、自分の気持ちを言葉に乗せられない子どもや、空気を読むことを求められている子どもが、自分を取り戻していく姿を見て、感動いたしました。

**菊池** 子どもの表情や言葉に注目する「教師の『みる目』」を育て、鍛えるという方向に学校教育を変えていきたいと思っています。「学校教育は、教えるという側面が強すぎる」という幼稚園・保育園からの批判に正対して、菊池道場は、内側の変容を重視した授業観に転換していこうと本気で取り組んでいます。少しずつその流れはできてきていると思っていますが、もっともっと大きくしていかなくてはいけません。幼稚園・保育園から入学してきたばかりの子どもたちに対して、全く違う環境に子どもたちを押し込めようとしてもうまくいかないのは当たり前なのに、「小一プロブレム」というレッテルを貼って、子どものせいにして自分たちの指導観や教育観を変えようとしないのが今の状況です。私が見たある学校では、子どもの机の下に足をそろえさせるための足型がありました。各地域には、「○○スタンダード」とか「○○ベーシック」という決められた指導法があって、教師たちも統率されています。

**柴田** 小学校に入ったばかりの子どもたちが、一日中椅子にずっと座っていられるはずがないのです。小学校に入った子どもたちから学校の様子を聞くと「ずっと先生が喋っている」「どうして命令ばかりするの」「机の上を自分が使いたいように使いたい」と言います。姿勢を正す合い言葉は「グー（机とおなかの間の距離はこぶしの大きさ）、タン（足を床におく）、パン（背筋を伸ばす）」だそうです。

**菊池** 私が批判的によく引用しているのは、「足はペッタン、背中はピン、お口はチャック」です。統率的な指導が普通になってしまっています。私は「悪しき一斉指導の改善すべき五〇のポイント」というタイトルの本をまとめようかと本気で思っているところです。

**柴田** 私は、「それって、保育の常識ですか？」（鈴木出版）という本を書きました。是非、その本を書いてください。

## 対話・話し合いのある授業

**菊池** 一次的言葉、二次的言葉という心理学用語があります。一次的言葉は、親しい人と会話する際に使う言葉で、二次的言葉は、学校生活を通じて獲得するものです。「休み時間にはおしゃべりをするけれども、授業中は全然発言をしないのです」と相談されることがありますが、私はおおもとを変える必要があると思っています。二次的言葉は高尚で、一次的言葉はレベルが低いという思い込みです。教室の中の会話は必ずしも「〜です」「〜ます」としなくてもいいはずで、一次的言葉を生かして、会話・対話を豊かにし、考えや表現を共有し、皆で答えを見つけていくことが重要だと考えています。これまでやってきたからという大人・教師の思いだけで行われている指導を、「悪しき一斉指導」として疑う必要があるのではないかと考えています。

**柴田** しょんぼりしている子どもを見たときに、「いやなことがあったね。話すと楽になるよ」と表情から言葉かけをすると、子どもが心を開いてきます。厳密には六歳以下と六歳以上で変化しますが、言葉で心や思いを表現しようと言葉かけをするのです。学校は、言葉の役割に対する認識が狭いのではないかという気がします。

**菊池** 私は、お笑いが大好きですが、お笑いの人の話す言葉は「広い」と思います。一方、教師の話す言葉は、知識を伝えるために整理され分かりやすいのですが、一方的で、「狭い」のではないかと思っています。教師の話す言葉はスピーチ系が圧倒的に多いですね。子どもは読み聞かせが大好きで、集中して聞きます。話芸的なものは、よく聞きますし、子どもの中に染み入っていくのだと思います。

**柴田** 私は、子どもの頃から国語の授業が楽しいと思ったことがありません。興味ももてません。主人公の気持ちを聞かれても、全然分かりません。興味関心がなく、心が動かないと思考は始まらないと思っています。

**菊池** 子どもに、その場面に応じて適切な言葉かけをするには、相当な「教師の『みる目』」が必要です。今回、私は「菊池省三の考える『授業観』試案④」をまとめましたが（次ペー

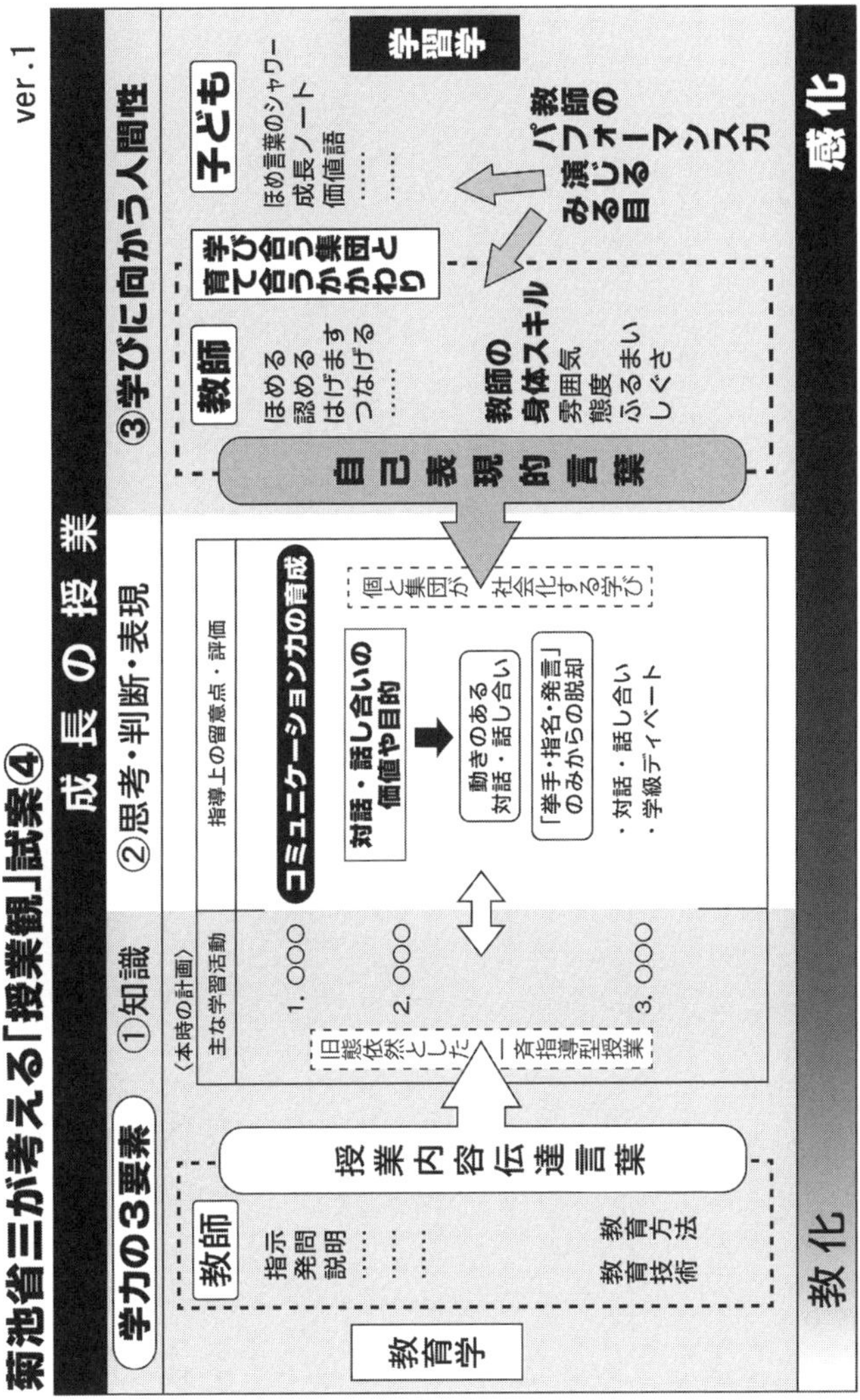

菊池省三が考える「授業観」試案④
ver.1
成長の授業
学力の3要素
①知識
②思考・判断・表現
③学びに向かう人間性
教育学
教師
指示
発問
説明
……
……
教育技術
教育方法
授業内容伝達言葉
〈本時の計画〉
主な学習活動
指導上の留意点・評価
1. ○○○
2. ○○○
3. ○○○
旧態依然とした一斉指導型授業
コミュニケーション力の育成
対話・話し合いの価値や目的
動きのある対話・話し合い
「挙手・指名・発言」のみからの脱却
・対話・話し合い
・学級ディベート
個と集団が社会化する学び
自己表現的言葉
教師
ほめる
認める
はげます
つなげる
……
学び合う集団と育て合うかかわり
子ども
ほめ言葉のシャワー
成長ノート
価値語
……
教師の身体スキル
雰囲気
態度
ふるまい
しぐさ
教師のパフォーマンス力
演じる
みる目
学習学
教化
感化

ジ参照）、その図の左部分は研修すればできるようになることです。これまで教師の仕事と考えられていた部分です。これからは、右の対話系で子どもが学びに向かう人格を形成するように導くことが求められているのです。ところが、「スタンダード」という画一的、無機質な指導が求められ、教師自身が自分らしさを発揮することが抑圧されているのです。子どもを育てるという右側の教育観が一人ひとりの中にあって教師になったはずなのに、いつの間にか異質なものにすり替わってしまっているのではないでしょうか。

**柴田** 教師になったとたんに、「子どもが主役」から「教師が主役」になってしまいます。

## 子ども主体の学びをつくる

**菊池** 平均的人間を育てるという工業化社会の要請に応えるための教育方法が、今も変わらずに続いています。本間正人先生（京都造形芸術大学副学長）は、「教育学から学習学への転換」を主張されています。先日、数日間かけてある地域のいろいろな学校を訪問しました。そこで学校ごとに空気感が全く違うことを実感しました。温かい雰囲気の学校がある一方で、会話・対話が聞こえてこない冷たい空気の学校もあります。子どもたちは基本的には素直で

先生の言うことを聞こうとしますから、とりあえず座っていますが、子どもらしさは感じられません。気づくのは、管理職の違いです。まさに旧態依然とした統率型の学校経営が行われている学校があるのです。学校には『「主体的・対話的で深い学び」を実現しましょう』という指示と、『「全国学力・学習状況調査」の点数を上げましょう』という二つの異質な指示が降りてきます。どちらを軸にして学校経営をするかは、校長の判断が大きく影響します。また、先日は早期教育を推進している保育園にもお伺いしました。もちろん、行くまではその内容を全然知りませんでした。英語の授業を拝見しましたが、その内容は小学校英語の三・四年の内容でした。そんな授業を盛り込んでいる園ですが、子どもたちに

「先生に、何かおたずねをしてください」と呼びかけても返事はなく、「何をして遊んでいますか。お友達と相談してください」と言っても、話し合いができません。英語や算数をやっていても、コミュニケーションが全くできないのです。

**柴田** 早期能力開発を看板にして教え込みをしている保育園や幼稚園は少なくありません。「そんなことをして役に立ちますか」と聞くと、「スタートを有利にして、子どもに自信をつけさせる」という答えが返ってきます。小学校に入ったときに「ぼく、それ知ってるよ」と言えることが自信だと勘違いしているのです。それは、優越感ではあっても、自信ではありません。泥団子を作ることが大好きで三年間研究し続けた男の子がいました。どこの泥が団子作りによいかを徹底して研究していたのです。私が「泥団子の作り方、教えて」と言っても、「教えられない」と言います。一方で、スーパーに行くと、泥団子キットが売られていて、それを使って作るととても立派な泥団子ができるのです。二通りの方法で同じ泥団子ができたとしても、私は、キットを使った遊びは体験ではなく体験モドキだと思います。

**菊池** そうですね。翌日の実験準備のために、夜遅くまで理科室で班の数だけ道具をそろえている先生がいらっしゃいます。どうして、その準備から子どもたちに参加させないのかなと思います。答えは先生がもっていて、子どもはそれを受け取るという構図がずっと続いているのです。自分たちで考えて答えをつくるという学びへの転換が今こそ必要です。自尊感情の高い人は人をほめられる、自尊感情が低い人は勝ち負けにこだわると言われますが、競争社会を生き抜く教育を親や教師も受けてきたわけですから、変わりにくいのはある意味当たり前かもしれません。

**柴田** 子どもたちは、見えない部分でかなり重圧を受けていると思います。その見えない部分に敏感な子が不登校になります。小一プロブレムの解決のためにと、幼保小連携事業が行われていますが、そうした会議に参加するたびに、何をする事業なのかと毎回思います。共有されているのは、方法的なことだけです。子どもを信用していないの一言に尽きるのではないかと思います。

**菊池** みんなで答えをつくる喜びの体験は、子どもの中の芯になります。ほめ言葉のシャワーや学級ディベートは、子ども同士による評価をします。これまで、評価権は先生のものでした。教師が減点法による評価をしていて、主体的な学びとか自ら学ぶ子どもを育成すると言っても、それ自体が矛盾しています。「相手を嫌いになるのは、相手のことを知らないから」ということを戯曲家の平田オリザさんが言っていましたが、それを克服するのが「ほめ言葉のシャワー」の実践です。教師が子どもとの関係をしっかりとつくってもいないのに、いくら教師面して指導したとしても、子どもはちゃんと見ています。子どもを育てるのではなく、人間を育てるという視点が大切だと思っています。

**柴田** ご著書「挑む　私が問うこれからの教育観」（中村堂）の中の好きな文章の一つに、「どんな状況になろうとも、絶えず自己否定もしながら考え続けることができる力を育てることが、教育の本義です」（同書一七八ページ）があります。様々な思いの中で葛藤しながら、自分の考えをつくっていくことで、自己肯定感も育まれてくるのだと思います。

**菊池** どんな人のライフヒストリーの中にも、親や友達との関係の中で生まれた葛藤や自己否定の歴史はあります。変わらない自分の生き方を軸として定めつつ、変えるところは変えていくという生き方が重要だと思います。

## 絶対的強者の大人と絶対的弱者の子ども

**柴田** 子どもは、絶対的な弱者です。強者である大人は、自分の思うように弱者を動かそうとします。弱者は、強者の気配を感じて、納得していなくても、怒られたり、嫌われたり、見捨てられたりしないように、強者に従うのです。これは、大人と子どもの関係だけではなく、職場でも、家庭でも同じ構図があります。強者が、弱者の気持ちを推し量れず、暴走することほど怖いことはありません。ただ、弱者の方が、案外客観的にものごとを見ているものです。子どもは、常に鋭く、先生のことをキャッチしています。強者は常に弱者の気持ちを量りながら歩く必要があります。

菊池　目的と責任をもっていないと、子どもを叱ることはできません。絶えず「何のために」とか「○○のようになってほしい」という目的をはっきりもって、弱者をそこに連れて行く責任が強者である教師にはあります。

柴田　教えたい、支配したいという人間の本能をどうコントロールするかが大切ですね。

菊池　コントロールできると、子どもの「学びたい」という本能が引き出されてきます。

dialogue06

# 「同調教育」から「一人ひとりを大切にする教育」へ

菊池省三×齋藤眞人（学校法人立花学園 立花高等学校校長）
Masato Saito

【対談者紹介】

**齋藤眞人**（さいとう・まさと）

一九六七年宮崎県生まれ。宮崎大学卒。宮崎県の公立中学校の音楽教員を経て、二〇〇四年（平成一六年）教頭として立花高等学校に赴任。二〇〇六年（平成一八年）から校長。二〇一五年（平成二七年）より文部科学省「不登校に関する調査研究協力者会議委員」。一人ひとりの人格を尊重した自立支援教育に取り組み、その活動に基づく講演会は、小中高ＰＴＡ、地域自治会や教育関係、企業経営やマネジメント関連まで幅広く全国各地で開催されている。

学校法人立花学園立花高等学校（福岡県福岡市東区）は、基本概念として「パイルアップ」を掲げている。「学校に一日しか来れなかった…」ではなく、「頑張って一日来れた」と、小さな一歩を確実に積み重ねていくことを大切にする教育観である。そんな立花高等学校を中心で支える齋藤眞人校長と菊池省三が、「同調教育」から「一人ひとりを大切にする教育」への転換について語り合った。

## 立花高等学校の取り組みと「スタンダード」

**菊池** 二〇一五年三月二八日に博多のホテルで開催された「箱崎自由学舎 ESPERANZA 一〇周年感謝の集い！」にお招きいただいたときに齋藤先生と初めてお会いしました。その直前の三月二二日に私は退職を決意し二三日に退職届を出したばかりというタイミングでした。「さあ、これからどうしよう」と思いつつ、それまでにいろいろな子どもに出会って、それなりに実践を重ねてきたという自負もあったのですが、齋藤先生のお話を聞いて、「これは桁が違うな。世の中にはすごい人がたくさんいるんだ。自分も頑張らないといけないな」との思いを強くしたことを強烈に覚えています。あの日齋藤先生と出会ったことが、私のこれまでの大きな支えとなっています。

**齋藤** そう言っていただいて率直にうれしいです。ただ、私のことを「学校改革の異端児」など過大評価される方もいらっしゃいますが、そういうことではないのです。一九七〇年代には立花高校の全校生徒がわずか三名という時代もありましたが、私が立花高校に教頭として入って来たときには全校生徒二〇〇名ほどでした。地域の人たちからは迷惑施設と考えられていて、この町から出て行ってほしいと署名活動が起きかけたほどでした。当時漫画で話題になっていたような不良学生のような雰囲気の生徒たちが、町の中をウロチョロしていたのですから、町の人たちはとても不安な気持ちだったのだろうと思います。確かにきつい化粧をした生徒や、タバコのにおいを身にまとった生徒もいましたが、そんな子どもたちを教員たちは受け入れていました。教員の生徒と接する姿が、対等な人と人のものだと私は思ったのです。関係がちゃんと成立しているのです。その姿を見て私は「すごい学校じゃないか！」と思いました。経営的にも立ち行かず、プラスに評価していただける機会が少なく、教職員の自己肯定感や自己有用感も決して高くないように感じましたが、やっていることはすごかったのです。内外の評価が釣り合っていなかったと言ってよいと思います。理論的には整理されてはいませんでしたが、何一つ、ぶれることなく子どもたちを最大限に受け入れる教育を実践していたのです。すごい学校だということが社会に伝わっていないことを残念に思いました。

**菊池** 現在、全国の多くの小学校・中学校にお伺いする中で、「スタンダード」の名のもとに、それ以外のものを受け入れない「排除の理論」が強くはたらいていることを感じています。特別支援教育は、本来の趣旨・目的からすればとても大切なことですが、現実問題として、その目的に合った教育が行われているのだろうかと疑問に思うことが少なくありません。また、学校での人事配置に関わる問題もあります。「学級崩壊したクラスを担任した次年度は特別支援学級で」とか、「休職していた先生が戻ってきたところでリハビリを兼ねて特別支援学級を担任する」とか、全国どこに行っても聞くことです。本来の目的とは違うかたちで運用されています。全国学力・学習状況調査の影響も大きいと思います。「点数を上げろ上げろ」と教育委員会や管理職から言われ、それに流されてしまっている学校現場があります。きちっと授業を受けて、よい点数をとることが求められる教室になじめなかったり、行きたくないと思ったりする子どもが多くなるのはある意味当然です。教室で落ち着きがないからと、特別支援学級に行くことになるなど、二次障害的な形が増えていると思います。そういうお子さんがいても大丈夫、という学級づくりや学級経営、授業づくりがされていれば、そんな事態も起こらないはずです。根底には、教師自身が「スタンダード」という教育しか受けていないため、それが教育だと思っているところに大きな問題があると私は考えています。これだけ支援を必要とするお子さんが増えているのは、増やしている側面があるはずです。

**齋藤** 一〇〇パーセント以上共感します。これまで、立花高校に入ってきた子どもたちを受け入れてくれる学校があれば、本校はその使命を終えていたのかもしれません。特別支援教育については、保護者の方も、そういう環境が必要だと思って望んでいる方ばかりではないと感じています。教員側の都合で「教え勝手の悪い子どもたち」と決めつけられている実態があります。

## 「指導」から「理解」へ

**菊池** そうした「排除の教育」をされる先生方は、教科書の中身をきちんと教えるということに力点を置いていて、子ども同士が学び合うとか、個別化を考えるといった発想がありません。そういう人が「ほめ言葉のシャワー」を実践されると、すぐに「マンネリ化して…」などと言います。「ほめ言葉のシャワー」は、複合的に様々な要素がつながった実践です。そのことを理解して全体を育てていく必要があるのに、「うまくいかなかったから、次は○○を」と別の手法に入っていく。「教師としての情熱はどこにあるんだ」と聞きたくなってしまいます。私が実践してきた「成長ノート」は、先生と子どもが、一人ひとり同じ方向を見つめながら理解し合おうというものです。「ほめ言葉のシャワー」や「成長ノート」の取り組みをとおして、同じ空間に気になる人がいたとしても、基本的にはみんな同じじゃないかということに気づき、違いを当然のこととして、関係を強いものにしていくのです。気になるお子さんがいればいいただけ、子どもたちの学びはダイナミックなものになっていきます。このことが公教育の使命のはずです。教科書を教えることだけにエネルギーを使ってしまうと、子どもたちには同調圧力をかけ続け、子どもたちは追いやられてしまう可能性が高くなります。負の連鎖です。

**齋藤**　立花高校に入ってくる子どもたちは、分かりやすく言えば「義務教育の犠牲者」です。言い換えれば、「同調教育の犠牲者」だと思っています。排除している教育は、排除している実感がないことが一番怖いですよね。子どもが悪いとか、あそこの家庭はとか、ここの地域はとか、教員はそういう言い訳に流れてしまいがちです。

**菊池**　ルールを徹底することが求められることが多くなっていると思います。そして、職員会議は、ルールをつくる場です。ルールをなくす場ではないですね。

**齋藤**　命に関わるようなことに対しては、当然のこととしてきちんとした対応が必要ですが、立花高校では見方を転換して、「『指導』という観点ではなく、『理解』という観点で子どもたちをみていこう」と考え、「生徒指導部」をなくして、「生徒理解部」をつくりました。起こった事件の背景を理解することで、人間関係のねじれを解消していこうという取り組みです。罰則規定を撤廃しました。その時に、五年、一〇年経てばまたいろいろな発見もあるだろうからということでスタートしましたが、昨年「理解部」はそのままに、「指導部」を復活させました。「さすがにこれはいけないな」ということが起こったときに、きちんと教える部をつくっておこうと考えたのです。昨日、男子更衣室で金銭の盗難事件がありました。数年間なかったことです。生徒指導部長である教員が全校生徒を集めた集会の場で怒りを込めて次のような話をしました。「きまりがあるからどうこうではない。お金を取られた人が悲しんでいるだろう。人が悲しむことは、絶対うちの学校は許さない。それだけは確認しよう」と。私はこの話を聴きながら、自分の中に、すうっと入ってきました。ルールの存在ではなく、感情的なところを大事にしているんだなと思いました。

**菊池** 以前、大阪で齋藤先生のお話をお聞きした際、「寝ている子に『起きろ、起きろ』と言っても誰が起きますか。なぜ寝ているのか、背景の理解をすることが大切だ」というお話をされていましたが、それに通ずることだと思いました。そうした教育観が今ないのだと思います。起こった出来事だけをみて、背景をみる目、心理的な部分までみる目がないのです。

**齋藤** 何か確信があってここまでたどり着いているわけではなく、手探りの中でやっていきながら、「指導」の前に「理解」が大切だと思ってやってきました。ルールは、問題を起こさないようにしてくれるのかもしれませんが、問題が起こらない学校が素晴らしいのではなくて、起きた問題に対して教員がよく考えてアプローチしていくことが重要だと思うのです。学級担任個人の責任を問うような学校ではありませんから、むしろ問題が表出したほうが、教員のためにもなるのです。ロビーに、雛人形を飾っていますが、「手を触れるな」とか、「慎重に」と書いた紙は貼っていません。誰も手を出してはいませんが、もしそういうことが起こったら、その時にみんなで考えてアプローチしていけばいいだけのことです。貼り紙を人形飾りに加えるだけで、その美しさが一〇〇分の一まで落ちてしまうと思っているのです。

**菊池** 先生たちが、子どもの背景や内面をみることができていないということと同時に、先生自身が自分の内面を隠したり、周りの先生の自分に対する評価を気にしたり、保護者が自分のことをどう思っているだろうと心配したりと、内側にこもってしまっているのではないかと思います。問題が起きたらみんなで考えようという発想とは全くベクトルが逆でそんな先生方の意識を変えたいと思います。

## 社会に寛容性とコミュニケーションを

**齋藤** そうですね。いろいろな葛藤を抱えながら私たちも取り組みを進めていますが、それに対して、「私立だからできる」とか、「立花だからね」と言われるのが残念です。一方で社会の変化を感じているのも事実です。菊池先生が教員を辞められた後、全国から声がかかって、活発に活動されていることは、その証だと思います。学校が聖域だった時代は確かにありました。学校は聖域でいいのですが、三年間学校でニコニコと過ごした子どもたちが、社会に

出て苦しむ現状があります。子どもたちが社会で通用するようにリードするのが学校だということを考えた時、社会の側も変わってほしいと思います。社会がもっと寛容性をもって子どもたちを引き取ってくれるならば、子どもたちもすんなりと社会に入っていけるはずです。

**菊池** 私は、そのことを乗り越えていくために健全なコミュニケーションが必要だと、現場にいたときよりも強く思うようになりました。同調圧力とは違う、一人ひとりの違いを認め合うということです。その上で、皆が幸せな生活の在り方を考え、皆でそれを実現していく社会になっていけばいいなと思っています。

**齋藤** ざっくり言えば、日本の学校がやろうとしていることは、「同じにする」ということです。本当に求められているのは「違いを認める」ことのはずです。決定的に違います。教育関係者の方々が、頻繁に本校に視察に来られます。最初の頃は、「かつて学校に行けなかった子どもたちが、どうやって学校に行けるようになったのか」というハウツーを求める方がほとんどでした。最近は、校内を見てもらうことで、学校案内のパンフレットに書かれたシステムに関する質問は少なくなりました。やはり、教育に志をもたれている方は本校の在り方に共感してくださいます。理屈で理解しようとしている方々も、実践が理屈を凌駕しているることを感じてくださるのです。一方で私たちも、情に流され過ぎているきらいを感じていますので、教育に科学性をもたせる側面と、どちらもみながら進めていきたいと思っています。

**菊池** やはり、根底の教育観、子ども観、一年間で学級をどうするか、そういうみる目と、それを支える覚悟が必要です。

**齋藤** 僕自身、立花高等学校と縁があるまでは、生徒指導力こそが教師の力だと考えていました。もともと、宮崎県の公立中学校で音楽の教員をしていましたので、潜在的に、子どもたちになめられてはいけないという思いが強くあって、今思えば、子どもたちに圧力をかけていました。

**菊池** 大変な思いや経験をすることは、あとから振り返ってみたときに、自分のプラスになっています。自分の力が通用しない現実にぶつかることで学び直して、次のステップに進んでいける。それをくぐる体験をすることが、自分を大きく変えてくれると思います。「このままじゃいけない」と思われている先生もたくさんいると思いますが、ネットワークを大切にして、大きなうねりをつくりだしていけるように頑張っていきたいと思っています。

# 第2章

# 地域の教育力

dialogue07

# 高知県いの町
# 菊池学園の取り組み

菊池省三
×
塩田始（元高知県いの町長）・藤岡孝雄（高知県いの町教育長）

Hajime Shiota　Takao Fujioka

**【対談者紹介】**

**塩田　始**（しおた・はじめ）

一九五〇年高知県生まれ。高知県立小津高校卒業後、高知県庁に入庁。二〇〇二年伊野町長に当選。二〇〇四年新設いの町長に当選し二〇一八年まで三期務める。

**藤岡孝雄**（ふじおか・たかお）

一九五二年高知県生まれ。近畿大学卒。大学卒業後、高知県旧伊野町役場に入庁。二〇一三年いの町教育長に就任し、現在に至る。

菊池省三は、二〇一六年度から高知県いの町教育特使の任を委嘱され、年間およそ六〇日にわたって、いの町の進める地方創生総合戦略「心そだてる『みらいの町』推進事業」の教育分野における主要事業である「いの町菊池学園」を推進している。二〇一六年六月三日、事業がスタートして約二か月が経った段階で、塩田始いの町長（対談当時）と藤岡孝雄教育長による鼎談が行われ、今後の教育改革の進む方向について語り合った。

## いの町のめざす教育

**塩田** いの町の課題を一言で言うとすれば、人口減にどのように対応するか、ということです。少子化が進んでいるわけですが、それは出産や育児に不安と悩みがあるということです。そうしたお母さんの不安に寄り添って、安心して出産・子育てができる町を創っていこうというのがいの町の取り組みです。妊娠された方に母子手帳を交付したときから、保健師、保育士、看護師が総力を挙げてサポートをしていく体制をとっています。また、子育ての喜びや楽しみが実感できるように拠点事業として、子育て支援センターを開放するなどの取り組みをしてきました。これまでは、行政としてはそこまででした。今回、菊池先生にお願いしているのは、その先の＋αの部分です。子どもが自分自身の存在を誇りに思えるような人間に育っていけば、自ら考え、自ら行動し、いの町の発展に貢献してくれるのではないかと思っています。そして、菊池先生の実践によって子どもが成長していく姿を通して、先生や保護者も変わっていくだろうと考えているのです。

**藤岡** 高知県がめざす学力向上の目標が達成できない背景として、教室の中で授業に向かい合えないお子さんが少なからずいるという状況があります。先生が変わることによって、児童・生徒との縦の関係ができれば、子ども同士が認め合う関係になり、お互いが連鎖し合って、教科の学力も向上していくでしょう。学校が保護者や地域を変えていくことにもつながっていきます。当面の目標として、今年度は、学校の先生の教育観や意識を変えていただき、来年度は、保護者や地域に波及させていきたいと思っています。

**菊池** これから先の長いスパンを見通したとき、まだ二か月しか経っていない状況ですが、教師が変わっていくことの難しさを感じつつも、同時に手応えも感じているという心境です。昨年何回か、いの町の学校で飛込授業をさせていただきました。その学校に今年も伺った際に、昨年授業をした子どもたちが、「あっ、菊池先生だ」と手を振ってくれたり、「サインしてください」と、あちこちで子どもたちから声をかけてもらったりしています。このことは、すごいことだと思うのです。たった一時間の授業です。そのことを覚えている子どもたちは立派だと思いますし、きっかけがあれば、子どもたちはぐんぐん変化し、成長するのです。そんな子どもたちの様子を見ながら、先生たちにも変化が表れてきていることを実感しています。先生方からいただく質問も具体的になってきました。

**塩田** 子どもたちは、心を求めていると思うのです。先生と子どもの間に信頼があれば、子どもたちはその居心地のよい環境の中で、落ち着いて学ぶことができます。私は、町長としての政策として、ずっと、子育て支援の充実と教育振興の町おこしを掲げています。それは、学力に限定しない人格形成という広い教育の目標を掲げて、将来のいの町を背負っていただける人を育てたいという強い思いがあるからです。

**菊池** 四五分間や五〇分間の授業で、学びに向かい合えない子どもも含めて学力を上げなくてはいけないという課題と向き合い、何とかしようと四苦八苦されている実態が全国にありますが、学校現場には対処療法が蔓延してしまっているのではないか、と私は思うのです。熱心さは分かりますが、おおもとの部分、教育観の部分が、中途半端な気がしてなりません。そこを変えられていないので、しんどさだけが増しているのです。

**藤岡** 例えば、「学力テストで平均点を上回るように」という指示がされると、対策を講じ、授業改善をし、指導案を作成するという、膨大な仕事が先生たちに回ってきます。先生たちはそれに集中せざるを得ない状況になって、夜遅くまで学校に残って仕事をして、次の朝は疲れが取れないままに子どもたちの前に立ち、子どもたちはその先生の様子を見て笑顔が消えていくという悪循環になってしまっているのです。本来、先生が向き合わなくてはいけない子どもと向き合えないでいるのです。

## 問われる教師の本気度

**菊池**　この事業がスタートして、各教室の中で先生たちは「ほめる」ことを始めてくれています。ただ、確かにほめてはいるけれど、その言葉が子どもに届いていないような教室もあります。届かないで、途中でストンと落ちてしまっているのです。今、教育長さんがおっしゃったように、元気で本気になってほめないと、子どもたちには届かないのです。今回の事業の中の特色ある取り組みとして、夜に自由参加で行っている「寺子屋」があります。ひざを交えてじっくりと学び合い、語り合う場です。平日の夜でけっして参加しやすいわけではないのですが、それでも欠かさずご参加いただいている先生も多くいらっしゃいます。参加されている先生たちに共通していることは、明るいし、元気ですし、学びへのいい意味での緊張感をもっているということです。各学校の教室を順番に見させていただいていますが、そのような姿勢で子どもたちに向き合っていらっしゃる先生の教室は、やはり全然違います。先生の姿勢がそのまま反映されているといってよいと思います。

**塩田** 道徳教育、人権教育の大切さを思います。ある県立高校の校長先生が道徳を軸に学校を改革し、国立大学に進学する生徒を送り出すようになった事実があります。町内のある小学校の卒業式に参加させてもらったときに、子どもたちが「友達に大切にしてもらった。自分も友達を大切にした」という発表をしていました。私はそこの先生に「この学校は荒れていませんね」と言ったところ、すぐに「はい！」と自信のある声でうれしそうな返事が返ってきました。

**菊池** 私の教室では、それを「成長の授業」と言った子どもがいました。国語や算数を学んでも、本来は道徳性をもたなくてはいけないはずです。「これを教えないといけない。これを理解させないといけない」という思いは、もちろん悪いことではありませんが、それが優先されてしまうことは、今の教室にそぐわないのではないかと思うのです。先日、ある県の中学校の校長先生とお話をしました。その県独自の学力テストの際に同時に行う質問用紙に中に「尊敬できる先生はいますか」という項目があったそうです。集計したところ、誰一人「はい」と答えた生徒がいなくて、コメント欄にはたくさんのことが書かれていたとのことでした。それを見た先生たちは「一年間こんなに頑張ってきたのに、なぜ」と大変ショックを受けたと言うのです。子どもたちを見ることができていない、読めていないという問題がそこにあると思います。今の学校の中で、教師の示す方向と子どもたちの望む方向がいかにずれているかを、本気で見直す必要があるのではないでしょうか。

**藤岡** 菊池先生が、先日、町内の小学校で飛込授業をされた際に、一人の児童の態度に対して厳しく指導をされたということをお聞きしました。ほめて寄り添う中でも、叱る必要のあるときには叱るということをされたとお聞きし、さすがだと思いました。

**菊池** その授業の中で、「あなたは何が好きですか?」と聞き合うコミュニケーションゲームをしました。女の子が「国語は好きですか?」と聞いたら、相手の男の子は「ウルトラめちゃくちゃきらい」と答えました。そのときにクラスの担任の先生は、顔をしかめて負のオーラ全開で、その男の子を見ていました。教師が、子どもの言葉をそのまま額面どおりに受け取っていちいち態度に出していては、子どもも教室も変わりません。その様子を見て、私は、根底で子どもへの信頼がないと教師と子どもとの関係をつくることができないということを改めて思いました。先生が考えを変えていくしかないのです。

**塩田**　人は叱られることで成長します。ただ、叱るだけではだめですね。ほめることでのフォローが必要です。

**菊池**　叱ることで、その子がこれまでのことを正したら、ほめてあげなくてはいけません。ある意味、ほめるために叱るようなものです。今の状況では、私は基本的には一時間の授業で勝負をしなくてはいけません。ですから、叱ったままにしてそのまま帰るというわけにはいきません。一般の先生方もその意識をもって年間二〇〇日の授業を考えてもらうとアプローチの仕方も変わってくるかなと思います。コミュニケーションゲームの話に戻りますが、相手の女の子が偉かったのは、その男の子に対して何を聞いたら「はい」と答えてくれるかを本当によく考えて質問を探していたことです。周りの子どもたちは、「はい」を二〇回ぐらい引き出していましたが、その子は四回でした。だけど、相手のことをいちばん考えながら質問をしていたのがよく分かりましたので、私は、たくさんほめました。

## 教育改革の主体者は教師

**藤岡**　菊池先生のそんな授業に学びながら、そのクラスの担任の先生が変わりつつあるという報告が届いています。表情が明るくなってきたそうです。

**菊池** まず教師が個とつながることが大切です。「そのために成長ノートを使いましょう」と言っているのです。成長ノートでつながりができてきた子どもたちの中の何人かが中心になって、クラスの中の気になる子を変えていくこともできます。それができないまま、気になる子と対立していったら、まさに泥沼になります。私はシンプルに、「言葉を大切にしましょう。子どもとつながりましょう。子ども同士をつなぎましょう。授業を変えましょう」と言っているのです。

**藤岡** 寺子屋に参加された先生の反応は素晴らしいものです。参加された方から、まだ参加されていない方に広めていっていただきたいと思います。寺子屋の役割の一つは、忙しく仕事をして夜の九時まで学校にいるのなら、もっと時間を有意義に使おうと呼びかけることでもあります。皆勤賞の先生も時間が余っているから参加されているわけではありませんから。何のために教師をしているのかを先生たちが見つめ直す機会になるはずです。

**菊池** 「観」「論」「術」の中の「観」を変えない限り、「論」や「術」をいくら工夫したとしても限界があります。楽しいなと思える感性が問われますし、楽しいなと思える感性を呼び戻す取り組みでもあると思っています。

**塩田** 行政の世界で見ますと、普通新たな部署に異動になった人は、前任者と同じことをします。仕事がすごくできる人は、前任者の仕事をバッサバッサと切って、新しいことを提案して実行します。旧態依然では何も変わらないのです。その点は教員も同じだと思います。先輩に教えてもらったことはなかなか変えられないかもしれません。不安を感じたり、踏み出せないでいる人もいるかもしれませんが、今回は変わるきっかけであり、チャンスなのです。私の座右の銘というか仕事への取り組みの信条は、「企画はいつもしましょう。少し方向を変えて改善しましょう。だめなら一八〇度変えて改革しましょう」というものです。今回の事業で言えば、菊池先生の指導で改善が進んだら、次は先生自身が自らの力で改革をしていただきたいのです。私はそれを期待しています。私は町の職員たちに「学校も変わりますから、行政も変わりましょう」と呼びかけています。

**菊池** 教育改革は、誰かがするものではなく、教師自らがするものですね。

# dialogue08

# コミュニケーション力で地域を拓く

菊池省三×片山象三（兵庫県西脇市長）

Syozo Katayama

**【対談者紹介】**

**片山象三**（かたやま・しょうぞう）

一九六一年兵庫県生まれ。同志社大学商学部卒。大手機械メーカーを経て、一九九〇年、兵庫県に帰り、家業の繊維機械商社「片山商店」を継ぐ。二〇〇〇年、片山商店の五代目社長に就任。

二〇〇五年、第一回ものづくり日本大賞内閣総理大臣賞受賞。同年、りそな中小企業振興財団の第一七回中小企業優秀新技術・新製品賞で優秀賞受賞。

二〇一三年一一月、西脇市長に就任。

兵庫県西脇市の片山象三市長は、二〇〇八年二月、NHK「プロフェッショナル　仕事の流儀」に「あきらめなければ、失敗ではない　中小企業経営者・片山象三」として出演し、大幅なコストダウンを可能とした織物の機械や、多品種小ロットを実現するシステムを開発した経営者として紹介された。同番組に「未来をつかむ、勝負の教室」として出演した菊池省三との二人のプロフェッショナル、そして、二人の「ショウゾウ」による対談が実現した。

## 教育を土台とした地域再生を考える

**菊池** 片山市長に初めてお会いした際に、市長の仕事の柱の一つとして、教育を取り上げている、とおっしゃっていたことが、私の頭の中にずっと残っています。地域再生という大きな課題とつながっているのだろうと推察しています。

**片山** 私は、公約の二つめに「教育の復活」を掲げました。将来の西脇市を支えていくのは、やはり教育の力だと思っています、時間はかかりますけれども。今、手を打っておかないと禍根を残すという気持ちです。

**菊池** 二つめにもってこられたということは、西脇市をご覧になられていて、教育について何か考えることがおありだったということですか？

**片山** 私は、二年前までは織物の機械の開発をしていました。三〇くらいの国を行ったり来たりしながら仕事をしていました。トルコという国を例にあげると、先進国ではありませんが、工場の管理職クラスの人たちの子どもの教育に対する姿勢が、とても熱心なことに驚きました。たとえば、学校が休みの土曜日は、保護者たちがお金を出し合って、自分たちで教師を呼んできて、一日勉強させていました。そんな様子を見て、未来の日本は大丈夫かなって、単純に思いました。その辺りがきっかけといえばきっかけです。ただ、はっきり言えることは、ものづくりをするにしても、何をするにしても、まず基礎学力が大切です。これは避けて通れないですよね。さらに、グローバル化する社会の中で競争に打ち勝っていくには、菊池先生がいつも言われているコミュニケーション能力が重要です。自分とは違う価値観をもった人のことも理解できる力です。イスラム教を信仰する国へ行ったときに、断食の時期があって、どうしてそのようなことをしているのか分からないと思ったら、拒絶するのではなくて、それを理解しようとすることが大切です。基礎学力とコミュニケーション能力の二つが大切だということを強く感じながら市長になったのですが、就任後、二か月も経っていない時期だったと記憶していますが、そのときに教育委員会が菊池先生をお呼びになって初めてお会いしました。そして、そのときに「これだ！」と思いました。

**菊池** 私の大先輩の方で、個人的にトルコの教育支援をされている方がいます。その方から、トルコでは子ども自身が、教育とか、先生とか、学校とか、学ぶということに、とても尊敬の念をもっているというお話をお聞きしたことがあります。素直に捉える文化があると。私は、豊かなコミュニケーション力がつくと、お互いが認め合う関係になり、当然、いじめが、なくなっていくと考えています。そして、学ぶことが楽しい環境の中で、学力もついていくと考えているのです。

片山　菊池先生の「基礎学力をつけるためには、まずコミュニケーション能力をあげていくことが大切だ」とのお考えを初めて聞いたときは、まさに目から鱗が落ちる思いがしました。私は、教育の専門家ではありませんので、学力とコミュニケーションは、どちらが先なのか分からないというのが正直なところです。

菊池　両方大事ということだと思います。どちらか一方ということはないと思います。

片山　菊池先生のお話をお聞きしたり、様々な動画を見せていただいたりしたことで、コミュニケーション能力や学力が育っていくプロセスが分かりました。自分を好きだと思えることが前提としてあって、その上で相手の気持ちを分かることができるようになり、それから初めて学力を身につけていく段階になっていくということに確信がもてました。

**菊池** 家にも学校にも居場所がない状態の子に、教師が「勉強しろ、基礎学力をつけろ」と言うのは酷な話だと思います。それを受け入れられない子どもが反発したときに、教師は、「いいかげんにしろ」「お前、何してるんだ」「ちょっと教室を出ろ」と追い詰めていくことが多いのです。極端に言えば排除の理論が逆にはたらいていくのではないかと思っています。

## 「素人力」と目的の実現

**菊池** 片山市長が出演された「プロフェッショナル　仕事の流儀」の記録を読ませていただきました。その中には、市長になられる前の片山さんが地場産業の復活に取り組まれた様子が書かれていました。そして、困難を突破していく原動力として「素人力」という言葉や「常識にとらわれない」「非常識と呼ばれるようなところから考えていく」というお話がありました。その点について、少しご紹介いただけないでしょうか？

**片山** 先生もおっしゃっていたと思いますが、ゴールから考えていくと、手段は非常識でもいいわけです。その非常識が、実現したときに常識になってくるのだと思います。「機械はこうでなくてはいけない」と発想するのではなくて、目的はあくまでも地場産業の復活ですから、そのための課題を整理して、それを解決するためにはどうしたらいいんだろうと考えてきました。菊池先生も、こうした逆の発想をされているのではないかと思っています。

**菊池** そうですね。今まではこうだったという、先人が見つけたことに対して、それを参考にはしますけれど、それが頂点だとは思わないという考え方を自分もします。

**片山** 参考にはするけれども、新しい発想での挑戦をしようとしたときに、伝統を守っているというか、既存の考え方に固執される方々から、強い反発を受けることもありました。常識を変えようとしているわけですから、ある意味、当然だとも思っていました。

**菊池** 一つの「観」を守ろうとする方々は、違う「観」から出てきた観・論・術をたたこうとします。したがって、観を変えない限りは、どうしても閉鎖的・排他的になります。それまでに積み重ねてきたことをやっていても、ゴールというか目的というか、その先は見えてきません。守らなくてはいけないことは守るけれども、変えていいところ、あるいは変えないといけないところは、従来のやり方にとらわれることなく、どんどん変えていく必要があるのは当然ですよね。それが目標を達成するためにはどうしても必要なことです。

## 西脇市「茜が丘複合施設 Miraie」

**菊池** 今日の対談の会場としてご提供いただいた、ここ「茜が丘複合施設Miraie」ですが、対談の始まる前に館長さんに施設をご案内いただきました。多くの人が集まって、様々な立場の人が様々なことをされていました。大変にぎわっていて、こんな施設をよくぞ造ってくれたという声が寄せられているのではないかと思います。

**片山** ありがとうございます。ほめていただき、とてもうれしいのですが、私が造ったわけではなくて、スタッフが本当に大変な思いをしながら、頑張ってくれたおかげで完成しました。今日案内をさせていただいた館長には、

▲西脇市茜が丘複合施設 Miraie は、こどもプラザ、男女共同参画センター、図書館、コミュニティセンター重春・野村地区会館の 4 つの機能を併せもっている。上の写真は、施設の全容。館内には、ところどころに「播州織」が飾られ、美しいアクセントになっている。(写真右上)。屋外の芝生広場には遊具や防災設備などを備える（写真右）。

完成までの間、毎日遅くまで仕事をしていただきました。その努力の結晶のような施設ですから、ご案内できるということ自体がうれしく、自己実現の一つなのではないかと思っています。

**菊池** そういう喜びが伝わってきました。

**片山** 館長が施設のご案内をどなたかにされているときは、余分なことを言わないように、私はそばにいないようにしています。今日、菊池先生のお話を聞かせていただいたのは三回めでした。三回聞いて、やっと分かってきたという感じがします。菊池先生のお話を聞きながら、市役所の中でも、教育委員会の中でも、毎朝朝礼が行われていますが、その中で「ほめ言葉のシャワー」を実施して、教育長や部長から、若い職員から臨時職員まで含めて、ほめ合うということをしていきたいなと思いました。

**菊池** 一人のスーパースターが出てきて、組織を引っ張っていくという時代ではなくなったと思います。関係性を上げることによって、組織の力を伸ばしていくことが基本だと思います。役所も、企業も、こういう施設も、そして教室も、全部同じですよね。組織の力をつくろうと思ったら豊かなコミュニケーションが必要ですし、コミュニケーションの王道は、「ほめる、認める」ということに尽きるのだろうと思うのです。今日の成熟した社会の中では、ものをしゃべらなくても生活できます。だからこそ、余計にちょっとした一言から、言葉ってやはり大事だなと思えるようになります。そして、言葉でほめ合うとか、認め合うということをすると、組織の中で安心できるようになります。そうした環境の中にいれば、素直に学ぼうとするようになりますし、その結果として学力も上がってくるでしょう。自分に自信がもてて、もっと頑張って成長していくのかなあと思っています。

## 教育の可能性

**片山** 市内に西脇工業高校という高校があります。四〇年ほど前は荒れた高校でした。「プロフェッショナル　仕事の流儀」の前に放映されていた「プロジェクトX」にこの高校が登場しました。一人の先生が、陸上部の顧問として来られて、陸上部を中心として学校を変えていこうとされた取り組みです。四〇年後の現在、生徒の規律の面でも、就職の状況も、当時とは一八〇度違う学校になっています。一人の指導者の影響力は本当に大きいなと思います。一人の先生が学校を変えると、地域の学校を見る目が変わってきます。地域がよい評価をすると、生徒もさらによくなっていくという、プラスのスパイラルが起こります。西脇北高校という定時制の高校も、非常に荒れた学校でした。その学校にボランティアを一生懸命される先生が来られました。最初は、多少無理矢理にという感じだったのですが、街の中で生徒にボランティア活動をさせたのです。すると、近所のおじいちゃんやおばあちゃんが、ジャンパーの背中に兵庫県西脇北高校と入っているので、「ああ北高の生徒さん、よくやってくれてるよね」と声をかけてくれるようになりました。そうすると、活動も積極的になっていきました。そして、去年、兵庫県から表彰されました。東日本大震災のときには、南三陸にボランティア活動に行きました。その活動は、今でも続いています。ボランティア活動をとおして、自分たちが地域に認められているということを感じたときから変わっていったのです。教育の素晴らしさを改めて認識するとともに、教育の改革も、まず一人の志のある先生によって始まるということもよく分かりました。

**菊池** 陸上大会に出る、ボランティアで街に出る、そういうように活動の規模を拡大していって、そこで認められるようなチャンスを指導者の方が一生懸命につくられたのですね。関連して思うのは、私が若かった頃は、教育書を読めば、だいたいの方法は書かれていましたし、それを実践すれば、ある意味、それでも何とかなっていた時代でした。今の時代に考えなくてはいけないことは、そういう授業をしている自分が、教室の中で子どもたちにどのように見られているのか、見せているのかということです。パフォーマンス性と言ってもいいかもしれません。今の子どもたちの多様性を考えたとき、結局、教師の身体性のようなもの、パフォーマンスみたいなもの、つまり、どう見られているのか、どう見せているのかという意識がないと、子どもの成長を促していくことはできないと思います。学校教育の中で、ほめることとか、コミュニケーションということは、これまで全く重視されてきませんでした。でも、とても大切なことです。パフォーマンスの問題や、教師の話し方なども含めて、教師は、今、これらを本気で学ぶ必要があると強く思っています。

# dialogue09

# 「ほめあうまち なかつ（HOME－MACHI）」を創造する

菊池省三
×
奥塚正典（大分県中津市長）
Masanori Okuzuka

**【対談者紹介】**

**奥塚正典**（おくづか・まさのり）

一九五三年、大分県生まれ。京都大学経済学部卒。中津市長。大学卒業後、大分県庁に採用され、企業誘致、広報広聴等の仕事に従事。総務部長で退職。二〇一三年、大分航空ターミナル株式会社代表取締役社長に就任。二〇一五年一一月、中津市長選挙に出馬し初当選。

二〇一六年度、大分県中津市では「ほめあうまち　なかつ（ＨＯＭＥ−ＭＡＣＨＩ）」と名づけられた事業をスタートした。これは、大分県の委託事業「人権教育総合推進地域事業」を受け、学校、家庭、地域の協働により、お互いに認め合う学校づくり、家庭づくり、地域づくりを推進するものである。市は、この事業の推進にあたり、菊池省三を中津市教育スーパーアドバイザーに委嘱し、同年五月、奥塚正典中津市長から委嘱状が菊池に交付され、「学びたい教育のまち中津」を巡って対談が行われた。

## ほめることと叱ること

**奥塚** 菊池先生のことは、職員からよく聞いております。私は、二〇一五年の一一月に市長に就任いたしまして、現在半年が経過しました。政策の中に、「学びたい教育のまち中津」を掲げています。今回、菊池先生に教育スーパーアドバイザーの仕事をお引き受けいただきまして、ありがとうございます。私たちが強く望んでいたことです。これから、どうぞよろしくお願いします。非常に期待をしています。

**菊池** 私は、三三年間小学校の教壇に立たせていただきました。本当に多くの方から教えていただき、育てていただきました。おこがましい言い方になってしまいますが、学ばせていただいた分、何かの方法で恩返しをしないといけないということを思っていました。それが、こういう形で一つ実現するということは、とてもうれしいことでもありますし、名誉なことだと思っております。

**奥塚** 今回、事業として「ほめあうまち　なかつ（ＨＯＭＥ-ＭＡＣＨＩ）」がスタートしました。「ほめる」ということが前面に出ています。子どもたちを育てていく取り組みには、様々な方法があると思います。その中で、子どもたち本人が力をつけて伸びていくような、心も豊かになっていくような育て方は、どういったものかと考えていました。ある意味、その目的が達成されるのであれば、方法は構わないとも思っていました。子どもがもっている価値観だとか、子どもが考えていることをしっかり聞いてあげて、それを伸ばしていくということを考えると、やはり「ほめる」という方法がよいと考えました。そして、単に「ほめる」ではなく「ほめあう」ですから、お互いにコミュニケーションをとっていくという意味もあると理解しています。ただ、私の中には、ほめるだけではだめだという意識もありまして、愛情をもって叱るということも、ほめることの要素の一つではないかという捉え方をしています。

**菊池** ほめるも叱るも、育てるということでは同じだと思います。最近、私はよく言うのですが、子どもたちは学校にほめられるために来ているはずです。ところが、どうしても欠点の方が目につくものですから、先生方は、逆のアプローチをしてしまいがちです。ほめられるため、認められるため、成長するために学校に来ているという当たり前のところを、授業などの具体的な関わりを通して、中津の先生方と、いっしょに学んでいきたいと思っています。

## 一人ひとりの違いを見つけ育てる

**奥塚** 私は、長い期間、県庁という組織の中にいました。その後二年間、民間企業に行きました。その中で、人をどう育てるかという仕事に関わってきました。若い時には育てられ、年を重ねてからは若い人を育てるようになったわけですが、それらを振り返ったとき、自分が受けた指導、自分のした指導の中にも、これはよかったなと思うところと、これはもう少しこうした方がよかったかなと思うところが、正直あります。学校現場は、特にまだ若いこれからの人たちを育てるところですから、一人ひとりの子どもに生きていく力をつけていく、自分からいろいろなことに挑戦していこうという気持ちを育んでいく、困難があってもくじけずに挽回しようとする、そういう気持ちを子どもたちがもてるように育てていくことが大切だと私は思っています。

**菊池** 一人ひとりに、頑張ろうとか、もっとよくなろうと思わせるということは、一人ひとりに違いがあるということですよね。ですから、美点凝視という言葉があるように、一人ひとりの違いを見つけられる教師、違いのよさを見つけられる教師でありたいと思います。そして、そのよさを価値付けて、ほめ言葉として贈れる教師が、今後ますます増えていく必要が

あると思います。クラスの三〇人の子どもたちを一律に皆同じようにほめるやり方では、一人ひとりは育たないだろうと思っています。教師の側の観察力が問われると言いますか、ほめる、価値付けの言葉の力が問われている気がします。

## 「らしさ」を「引き出す」教育

**奥塚**　これまでの人を指導する場面、特に運動クラブなどでは、叱咤して、悪い意味で怒ることが多かったと思いますが、結果を残しているスポーツチームの監督の最近のお話を聞くと、ちょっと違ってきているなと感じます。つまり、よさを引き出して、一人ひとりの子どもをよく観察して、その子の性格を考え合わせた上で指導し、そして自分自身で考えさせ、プレーさせるというところに重点を置いているような気がします。

**菊池** 「引き出す」というかたちですよね。一人ひとりのよさを引き出して、「らしさ」をもっと輝かせようとする学校に変わっていくために、教師の側のアプローチの仕方が問われていると思います。私は、講演などでよく話すのですが、「眺める」という感覚でしょうか？心理的にも物理的にもちょっと引いたかたちで、その子の成長を客観的に見取って、次の手をどのように打とうかと考えるわけです。そんな「眺める」という感覚が、我々教師には必要なのかなと思います。それによって、いい意味で待つことができて、その間に本人は考え、教師はその子のよさが出てくるような言葉かけをちょっとしてあげる、という感じです。ちょっと一歩引いたかたちで、一人ひとりのよさを眺めて見つけ出す、そういう教師の接し方も必要かと思います。

**奥塚** なるほど、眺めるですね。ちょっと話題を変えますが、私たちの世代の子どもたちと今の子どもたちを比べたときに、常々すごいなと思うのは、イベントに参加した子どもたちが報道機関からインタビューを受けたときに、質問に対してとても流暢に答えるようになっていることです。昔だったら恥ずかしがって逃げたり、上手に対応できなかったりする子どもたちが多かったのではないかと思うのです。思っていることがきちんと言えて、しかも表現力があるような気がします。そんな、世代間の違いについては、どのように思われていますか。

**菊池** 確かにそういう子どもも増えてきたとは思います。ただ、二極化しているということではないかと思います。地域性もあると思いますが、臆することなく自分の思いを表現できる子もいますし、逆にそういうことがまったく苦手だという子も多い状況です。教室の中に三〇人いると、表現力、家庭環境、考え方、意欲など、凸凹しているのが、今の学級、学校ではないかと思います。

**奥塚** そういう意味では、先生方にとっては難しい状況になっているというか、先ほどおっしゃった一人ひとりに合わせた眺め方、見方が大切になるのですね。

## 問われる教師の力

**菊池** 違いが大きくなってきただけに、教師の力が要求されていると思います。多くの先生は、自分たちが受けてきた教育のやり方を背負って教壇に立っています。若い時に自分が学んだそのやり方を、今の教室でそのままやろうとしてしまうと、子どもとの関係がちょっと危うくなってしまったり、教室がよくない方向に行ってしまいがちだったりすることがあると思います。

**奥塚**　「ほめる」ということについてですが、私自身の経験でも、「頑張ってますね」とか、「〇〇をしてくれて非常に助かった」というようにほめられると、それ自体とても心地よいことですし、さらに頑張ろうという気持ちになりました。一方で、ほめられると、ついつい鼻が高くなってしまって、自分はこれでいいんだと勘違いしてしまう。尊大になってしまい、結果的によくない方向に導いてしまうのではないかと思っているのですが、その点はいかがですか。

**菊池**　おだてるとか、うわべだけのほめ方で、相手をコントロールしようとすることは、「ほめあうまち　なかつ」がめざしているものとは当然違うと思っています。確かに、急にほめられると、大人も子どもも一緒で、思わず鼻が高くなってしまうということはあろうかと思います。そうではなくて、その子のよさを発見して、価値付けて、公社会に役立つような人間を育てるという方向がしっかりあれば、そして、その軸さえぶれなければ、相手のことも大事だし、自分のことも大事だ、お互いに成長していきましょうと考えることができる人間が育っていくのではないかと思います。いくつになってもほめられたらうれしいというのは変わらないと思います。

奥塚　そうですね。やって見せて、ほめるという教育方法が大切だと、昔から言われています。今回は、菊池先生が中津市の学校現場に入っていただけることをとてもうれしく思い、かつ期待いたします。

菊池　結果を示さなければならないですから、プレッシャーも大きいですが、頑張ります。気になるお子さんも、結局は今の自分がどうなのかということが分かっていないのだろうと思います。自信がないというか、安心できないというか。自分のよさに気づき始めると、落ち着いてきます。そして、他者との関係の中での自分というのがさらに分かってきて、お互いに手を取り合ってもっとよくなろうという関係がつくれる人間になっていきます。私は、その意味で、気になる子どもから学びたいとも思いますし、そういった子をどのように育てるかということを、中津の先生方と一緒に見つけていくことが、自分に与えられた大きな仕事だと思っています。

dialogue10

# 言葉を大切にした教育で人格の完成を

菊池省三
×
稲嶺　進（元沖縄県名護市長）
Susumu Inamine

【対談者紹介】

**稲嶺　進**（いなみね・すすむ）

一九四五年、沖縄県生まれ。琉球大学法文学部卒。名護市役所厚生課に採用後、総務部長、収入役、市教育長等を歴任。二〇一〇年から二期、名護市長を務めた。

二〇一六年一二月、菊池省三は、沖縄本島では初となるセミナーに参加した。午前は、三〇〇人を超える小中学生を対象として、「言葉のチカラとコミュニケーション」と題した二コマの授業を行い、午後には、二〇〇名を超える小中学校の先生を主な対象として「大人が受けたい白熱の授業　大人版『菊池学級』」で講演をした。会場となった名護市民会館に、公務で多忙な稲嶺進名護市長（当時）が、間隙を縫って駆けつけ、教育の課題と言葉の大切さについて語り合う対談が実現した。

## 子どもにつけたい力

**菊池** 稲嶺市長は、以前、教育長をされていたのですね。

**稲嶺** はい。一期、務めました。その前は、社会教育の分野ですが、教育委員会に一一年間ほど携わりました。

**菊池** 教育への思いを、いろいろもたれているのではないでしょうか。沖縄の学校教育の現状を、市長さんはどのようにお考えですか？

**稲嶺** 沖縄県全体までは私自身は分かりませんが、自分が教育委員会で仕事をしていた時期は、学校教育の分野では、沖縄県が「全国学力・学習状況調査」の結果、最下位だということがずいぶん話題になりました。私は社会教育に携わっていましたので、「学力って、いったい何ですか？」と尋ねられた時には、「私が考える学力とは、生きる力のことです」と答えていました。私は、ペーパーで測ることができる学力について、関心がなかったわけではありませんが、社会教育の立場からは、それほど重要視もしていませんでした。子どもたちには、体験を中心とした学びをしてほしいと考え、それをねらいとした活動をずっとしてきました。

**菊池** 今のお話を聞いていて、とてもうれしく思いました。ペーパーテストの結果として数値化される学力も当然大切ですが、そのことだけが変に突出してしまっているために、学校現場が歪んでしまっているのではないかと、今、全国各地の学校、教室にお伺いさせていただく中で、強く感じていることなのです。「全国学力・学習状況調査」を否定するつもりは全くありませんが、学校現場がその結果に汲々としている様子を見ると、とても残念な気持ちになります。四七都道府県のランキングのみに関心が集まってしまって、教育そのものがやせ細っていくんじゃないかと心配していたところです。今のお話を伺って、すごく元気が出ました。

**稲嶺** そうですね、点数を重視する傾向が強くなってしまった頃から、学校現場があまりにも忙しくなってしまい、教師が子どもと接する時間が少なくなって、教師と子どもの関係性が弱くなっているという話が出されてきました。私は、ずっと、これはどうしたことだろうと考えています。

**菊池** 私は三三年間、小学校の教師をしていました。振り返ってみると、三〇年くらい前は、時間的にも精神的にも余裕があったというか、教室も、学校も、緩やかだったなと思います。若くて、教師としての経験も力もなかったあの頃でも、なんとなくですが、充実した時間を過ごしていたと思います。その後、学力問題が起こり、「全国学力・学習状況調査」が始まって都道府県ランキングが話題になってからは、年々、多忙感をいだくようになりました。

特に、何が忙しくなったというわけでもない気がするのですが。

**稲嶺** やはり、全国的にも、そういう流れだったのでしょうか。

**菊池** そうだと思います。もちろん、指導改善のために、「全国学力・学習状況調査」を実施するという国の方針は分かりますし、必要なことだと思います。何度も言うと怒られるかもしれませんが、都道府県ランキングに注目が集まるようになって、そのニュースが全国を駆け巡り、それを受けて、「順位を上げろ、上げろ」と強く言っている都道府県教育委員会が多くなっているのではないかと思います。学校現場に近い市町村教育委員会は、「ランキングも大事だけれど、教育は点数ばかりではないですよ。生きる力をつけることが大切です」という考えで動いていることが多いのではないかと、私が今経験している中から感じています。

**稲嶺** ゆとりが嫌われるようになってしまいましたね。

**菊池** 教育の世界では、「学力か、生きる力か」とか、「ゆとりか、詰め込みか」と、二項対立で、どちらかしかないという議論になってしまう傾向がありますね。私は、両方大事だと思いますし、バランスの問題だと思います。時代や地域によって、それらのバランスのとり方は変わってくるのは当然ですが、どちらかがいいとか悪いとかという問題ではありません。

**稲嶺** そうですね。どちらかに走ってしまうんですね。

菊池　はい。それで、結果的に学校現場が振り回されてしまうのです。

## 教育の目的

稲嶺　教育とは、よい市民を育てるということではないかと私は考えています。一〇年ほど前に亡くなられた岸本建男前名護市長とも、よくその話をしました。

菊池　今日の午後開催していただいたセミナーの中でも、今、市長さんがおっしゃられた「教育のめざすところは、健全な社会を構成する市民を育てる」というお話をさせていただきました。その中には、いわゆる学力も当然含まれているわけですが、それを含んだもっと大きな教育の目的を、教師が自信をもって言えなくなってしまっている風潮があるのではないかということを心配しています。

稲嶺　先生方は、日常的に大変な思いをされていると思います。子どもの成績が下がると先生の責任だと言われます。躾のことも学校に押し付ける保護者もいらっしゃいます。

菊池　今日のセミナーにも、市長が言われたとおりの悩みを抱えられた先生方が大挙して参加されていたというお話をあとでお聞きしました。午前中は、お子さんを対象としてお話をさ

せていただきましたが、このような日があると、「教育の目的って何だろう」と改めて考えさせられます。そして、教育基本法の第一条に書かれている「教育の目的」にたどり着きます。「教育は、人格の完成を目指し、平和で民主的な国家及び社会の形成者として必要な資質を備えた心身ともに健康な国民の育成を期して行われなければならない」という内容です。今、市長がおっしゃられた、「よい市民を育てる」という目的は、それと合致しています。「人格の完成と、健康な国民の育成」、つまり、個を育て、公民的な資質を身につけさせるということです。テストの点数問題で振り回される日常の中で、教育基本法第一条に書かれたこの二つの目的を、教師は忘れがちになってしまっているのではない

かと思います。

**稲嶺** 市長の立場にある私は、議会で議員からいろいろな質問をされ、答弁をします。その中には、教育に関わる問題がかなり多くあります。ただ、その質問の内容は、教育委員会、あるいは学校現場に対する追及だったり、責任を求めたりするようなものが大半です。ますますその傾向が強くなってきていると感じています。何か、自分たちは関係ないかのような、第三者的な立場からの発言ですね。

**菊池** 自己外責任と言いますか、自分の外に責任を見つけて責める姿勢ですね。

**稲嶺** ええ、そうです。そうした議論は、やはり悲しくなってしまいますね。

**菊池** 学校にいた者からすると、そうした議会でのやりとりなどを聞くと、臆病になってしまって、新しいことに挑戦するのではなくて、どんどん自粛してしまうことにつながっていきます。何事も起こらないように、起こさないようにという考えが基本になってしまって、学校現場での教育の行為が、か細いものになってしまっているということがあるように思います。

**稲嶺** そうですね。自己を守るというか、自己保身に走らざるを得ないような状況になっていると思います。こうした世の中の情勢が、先生たちを追い詰めているという気がしてなりません。

## 地域の教育力

**菊池** 昨日、沖縄に来まして、今回のセミナーを主催していただいた事務局の方のお兄さんのご自宅に、昨晩お招きいただきました。そこで、沖縄の伝統音楽を聞かせていただいたのですが、その練習をしている間、子どもたちが、自由に楽しそうにあっちに行ったり、こっちに行ったり、太鼓をたたいたりしていました。そして、練習が終わって、食事の時間になると、それまで動き回っていた子どもたちが、すっと座ったのです。私は、その様子を見て、すごいなと思いました。私は、四国の愛媛県の南部で生まれ育ちましたが、昔の自分たちが子どもだった頃を思い出したのです。何となく、周りの空気を察して、しなさいと言われたわけでもなく、叱られたわけでもなく、その場にふさわしい態度をとっていたように思ったのです。今の子どもたちの多くは、その場の空気にふさわしい態度をとるということが少なくなっている気がしていましたので、夕べ出会った子どもたちの振る舞いに、とても感動しました。普段からコミュニケーションがとれていて、その場にあった振る舞い、態度を自然にとれるということは、とても大切なことだと思います。

**稲嶺** そうですね。子どもは、大人と交わったり、年齢が違う人と交わったりすることで、社会性のある振る舞いを身につけていくと思います。以前から言われていますが、今の子どもたちは、塾に行ったり、いろいろな習いごとをしたりして、忙しくなっています。それらは、だいたい同じ年齢層との活動ですから、大人や地域との交わりが少ないのです。人間関係や地域との関係が、どうしても希薄になっています。社会の仕組みが変わってきていますから、親族の死を間近に見ることもなくなりました。「生活改善」の名のもと、これまであった地域のしきたりが一つずつすたれていって、子どもが体験できることがどんどん少なくなっていいます。ダシの入っていない食べ物のようです。形だけの希薄な人間関係になってしまったと感じています。沖縄には、「教育隣組」という地域組織がありました。私は、その組長をしていましたが、一年から六年までの子どもたちが集まってきていて、上級生が下級生に役割を与えて、いろいろな活動をしました。学校では叱られるばかりでほめられた経験のないような子どもたちも、隣組の中で生き生きと活動し、育っていきました。下級生が、先輩たちをかっこいいと思える場でした。子どもたちは、仕事を任されることを待っているなと思いました。

**菊池**　異なる学年で構成される集団の中では一般性を身につけることができ、その中でその子らしさが発揮されていきます。

**稲嶺**　名護市には五五の自治会があって、青年会、婦人会、老人会といった様々な地域組織があります。それぞれが役割をもって活動をしています。それらが地域を健全にし、地域力が高まっていく源になっているのです。

菊池　素晴らしいですね。都市部を中心に、そうした地域の機能は失われつつあります。先日、「『知らない人には挨拶をするな』と子どもたちが大人から指導をされていて、挨拶運動を進められず困っています」という質問をされました。話は変わりますが、沖縄では、平和教育が活発に行われていると思いますが、現状はいかがですか？

## 言葉を大切にした教育

稲嶺　すでに戦後生まれが全体の八割から九割を占めています。沖縄戦体験者も高齢化しました。学校の先生は、皆、体験としては戦争を知りません。したがって、子どもたちに戦争の歴史を十分に伝えきれていない状況です。六月二三日は慰霊の日ですが、これまでその前後の期間に平和教育を行ってきましたが、今は、以前ほど盛んではありません。教材づくりや授業づくりに、先生たちが苦労をされているようです。

菊池　戦争や平和の問題は、特に教師が自らの足を運んで学びながら、授業を創っていく取り組みをしないと伝わりにくいものだと思います。教科書を教えることに慣れてしまっている今の先生たちには、難しいことかもしれません。

**稲嶺** 日本の歴史の勉強はしても、沖縄の歴史を学ぶ機会がないのです。沖縄には、「島言葉（しまくとぅば）」と言われる独特の言葉がありますが、戦後間もなく、共通語の使用が強く奨励され、島言葉を話すことも聞くこともできなくなっています。言葉がなくなることは、文化がなくなることであり、郷土が失われることです。沖縄の歴史を学ぶ場は学校しかないと私は思います。

**菊池** そのとおりです。言葉は自分をつくる軸のようなものです。菊池道場では「価値ある言葉、価値語を植林しよう」と、全国の先生方と連携しながら、言葉を大切にした教育を進めています。

**稲嶺** 言葉には、一言で人を変える力があります。沖縄には、「黄金言葉（くがにくとぅば）」という生活の中から出てきた価値ある言葉もあります。私は、人の前で話すときには、自分の心に響いたそれらの言葉を一つずつ紹介しています。言葉のもつ力の強さを感じています。

**菊池** 偉大な教育者であった大村はま先生は、「ことばを育てることは　こころを育てることである　人を育てることである　教育そのものである」と言われました。沖縄の言葉を大切にした教育があれば、子どもたちはすくすくと育っていくことと思います。

# 第3章

# ほめる、認める

dialogue11

# ほめるとは価値を発見して伝えること

菊池省三
×
西村貴好（一般社団法人日本ほめる達人協会理事長）
Takayoshi Nishimura

【対談者紹介】

**西村貴好**（にしむら・たかよし）

一九六八年大阪府生まれ。関西大学法学部卒。

一般社団法人日本ほめる達人協会理事長。

大学卒業後、家業のホテル運営で人材定着不足に悩む。その中で「ほめて伝える」効果に気づく。二〇〇五年ほめる調査会社「C's」創業。ほめる仕組みで組織を活性化させる。二〇一〇年から「ほめ達！」検定をスタート。著書に「ほめる生き方」（マガジンハウス）など。

菊池省三は、「ほめ達！ Of The Year 2015」の文化・教育部門グランプリを受賞した。「ほめ達」こと、「一般社団法人日本ほめる達人協会」は、その設立の目的を「心の底から相手の良さを見いだし、あらゆるものから価値を発見できるのが『ほめる達人（ほめ達）』。『ほめ達』が、日本だけでなく世界中に広がれば、間違いなく平和で暮らしやすい世の中になります」と掲げている。「ほめる」ことの意味と意義について、「ほめ達」の西村貴好理事長と語り合った。

## 今、必要な「ほめる」こと

**西村** 私たち「日本ほめる達人協会（以下、ほめ達）」の活動は、大きく広がっています。今の時代、企業では、お金での報酬を上げることがなかなか難しくなっています。経済状況が厳しいということもありますが、社内のポジションが上がれば給料が上がっていくという基本的なシステムの中で、ポジションが上がると責任が増えるから、昇進したくないと考える人が非常に増えているのです。お金の報酬ではなく、心の報酬をどのように社員に渡していくかということが課題になってきているのです。また私たちは、働く中で心の病になる人が非常に多い状況を変えるという取り組みもしています。そんな背景があって、ほめ達が企業の間にすごい勢いで広がっています。学校は、先生単位で興味をもたれる人は多いのですが、組織としてほめることを導入するということに関しては、驚くほど遅いという印象をもっています。

**菊池** 学校の状況も、企業とそれほど変わらないと思います。実際、心を病んで休まれている先生も多いですし、管理職のなり手がないということも同じです。全体的に組織として動き切れなくなっていますね。学校は、企業に比べそうした状況への対応が遅れているとは思い

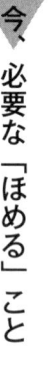

▲受賞した「ほめ達！ Of The Year 2015」の文化・教育部門の盾と賞状

ますが、負の状況にあるということは一緒です。いろいろなビジネス書を読んでみても、組織の関係性を上げること以外に、困難な状況に対して戦えない時代であることははっきりしています。コミュニケーションの必要性がますます高まっています。職員室もそうですし、教室も同じだと思います。コミュニケーションの核は、ほめるということであり、ほめて認める、そしてそれを伝え合って関係性を豊かにしていくというのが、私の考える学校現場からの取り組みの中心です。

**西村** 私は、子育てセミナーなどで講師を務めさせていただく機会が多いのですが、その際にまず言うことは、「今、ほめてもらうことが必要なのは、実は学校の先生だと私は思っている」ということです。先生の心に余裕がないと、子どもたちと接していて余裕のある対応はできませんから。「もし保護者の方が、学校や先生に対して疑問や不満があったとしても、絶対にそれを子どもの前では言わないで、直接学校に言ってくださいとお話しします。「子どもの前で、先生の悪口は絶対に言わないで、先生のよいところを話し、先生はすごく頑張ってくれているんだよ、ということを子どもに伝えましょう」と。このようにしないと、保護者も自分で自分の首を絞めることになってしまいます。

**菊池** そうですね。全国の小学校でも、おそらく入学式のあとの保護者会で、校長先生が同じ意味のお話をされているはずです。私もそういった場所に同席して、校長先生がお話しされることを聞いていましたが、この話の趣旨が保護者に届いているかなと、はなはだ疑問に思っていました。昨年の暮れに、日本テレビ系列の「世界一受けたい授業」に出演させていただいた際に、「台本にはないれど、どうしてもしゃべらせてもらいたいことがある」と番組の制作者に頼んで、了解をいただいて話したことは「多くの先生は頑張っている」ということです。全国をセミナーなどで回って分かったことは、頑張っている先生は多いけれども、学校の中の組織や、学校と保護者の関係はあまりよい方向にはいっていないないということです。それは、私の率直な感想です。

## ダメ出しからほめるへの転換

**西村** 「ほめ達」は、私がもともとほめることが得意だから生まれたわけではありません。以前の私は、実は、ダメ出しの達人でした。祖父は、石川県から大阪に出てきて、お風呂屋さんの丁稚奉公から始めて、努力して番頭になり、借金をしてお風呂を借りて独立し、少しずつ風呂を増やしていって、成功を収めた人でした。普通の人が一《いち》気づくところで、一〇も二〇も気づくような人でした。「結果の出ない努力は、努力とは言わん」という厳しい人で、その祖父に私は徹底的に鍛えられたのです。それで、商売の中でも細かいところに気がつくという性格になりました。そんな力をもとにして、覆面調査会社をつくりました。飲食店やサービス業の経営者から依頼を受けて、現場のサービスの状況を調べる会社です。できていないところを証拠を付けて報告するのです。「何時何分、どこどこのテーブルで、料理をドンと置かれた」とか、「笑顔が全然なかった」とか、「見送りが全くできていませんでした」などです。ただ、どれだけそのレポートが正しかったとしても、だめなところをだめなまま言われると、何も改善は進まないんですね。そのことに気づいたとき、それまでのスタイルを一八〇度変えて、ほめるところを探す覆面調査を始めました。

菊池　転換したいちばんのきっかけはなんだったんですか。

西村　現在は上場しているある焼き鳥チェーンの中の一つのお店に調査に行きました。もう七、八年前になります。そのお店は開店の五時から八時くらいまではお客さまが少ない時間なので、その時間を調査してみました。お客さまが少ないのに料理が出てくるのが遅い、スタッフはなかなか見に回ってこないなど、ほめるところの少ないお店でした。その中で一人のアルバイトスタッフがお客さまの帰ったあとのテーブルを一生懸命拭いたり、忘れ物がないか毎回テーブルの下をチェックして、忘れ物があったら「忘れ物です」って一生懸命走って持って行ったりと、人が見ていないところでとても丁寧な仕事をしていたのです。

それまで私はダメ出しの報告書ばかりをいっぱい書いてきたわけですが、それで現場は何も変わらなかったので、よし、このアルバイトスタッフにフォーカスを当てた報告書をつくってみようと思い、「人の見ていないところで一生懸命丁寧な仕事をしている人がいるこのお店の将来の可能性が楽しみです」という報告書を提出しました。すると、その報告書を店長がお店のバックヤードに貼ってくれました。たった一行自分のことをほめているその報告書を、アルバイトさんが、出勤のたび、帰るたび、穴が開くほどじーっと見ていたんですね。その人は、仕事は丁寧なんだけれども遅い。仕事を覚えるのも遅いし、失敗も多い。店長も、辞めてもらわないといけないかなと思っていたぐらいの人でした。ところが、この報告書を一生懸命読んでいる様子を見た店長がその人を呼んで、「仕事の丁寧さをこのお店に基準にしたい。だから、ミスをしてもいい、覚えるのが遅くてもいいから、仕事の丁寧さだけは失わないでほしい」ということを伝えたのです。彼女はそれから一生懸命に頑張って、仕事の丁寧さはそのままで、少しずつ仕事を覚えていって、仕事が速くなって、自分の失敗経験をもとにあとから入ってくるアルバイトスタッフに教えることが上手なスタッフへと成長していきました。当時、七店舗中の一三〇人のアルバイトスタッフの中の最優秀アルバイトとして表彰されました。そのお店の売り上げは三か月後に一六一%になりました。これが私たちの伝説の事例で、店長も経営者も私たちも気づいたんです。今までは、思い込みでアルバイトの人たちの能力を勝手に決めつけていたと。よいところを見つけて、そこを踏まえてアドバイスしてあげれば、人はどんどん成長するんだということを教えてもらったのです。

**菊池** 自分たちは、菊池道場という研究団体として、今お話しいただいたような具体的なエピソードというか、実践を大切にしようとしています。決められた型に入れたり、減点法でできていないことをチェックしたりするのではなく、子どもの意欲や内面の変容に力点を置こうとしています。菊池道場の各支部が主催するセミナーや学習会の場では、必ずメンバーに実践発表をしてもらうようにしています。私は会場の後ろの方でそれを聞かせていただいて、うるうるっと涙することがよくあります。従来の教師向けのセミナーでよく見られた「指導法はこうです」「先生方、これ知らないんですか」というようなものではありません。「Aちゃんとクラスがこのように変わっていった」という個の物語、学級のストーリーが、温かい視点で語られるのです。私たちは、旧態依然とした減点法に代表されるような覚える授業観ではなくて、個の変容、成長を大事にする授業観に基づいた研究団体だということをそのたびに確認できて、うれしく思うのです。一人のアルバイトの個のストーリーと、自分たちが大切にしているところが重なって、自分たちも励まされたような感じになりました。

## 無意識のことを意識化する

西村 「ほめ達」が広がっている背景ですが、ほめることで誰の心が豊かになるかというと、ほめている人がいちばん豊かになるんですね。ほめるは人のためならず、回り回って我が身の幸せになるのです。ほめ達の考え方の核心としてお伝えしているのは、「ほめることは他人をコントロールするためには使えない」ということです。これが基本です。人は、自ら気づき変わることはあっても、人を変えることはできません。自分の子どもであっても変えることはできない。人には影響を与えることしかできない。周りの人に与える影響で、誰にいちばんよい影響を与えるかというと、実はそれは自分自身です。

菊池 西村さんの書かれた著作の中に「ほめたときには、相手は笑顔になる。でも、そのほめているときの自分の笑顔がいちばん素敵な表情です」という内容があったと記憶しています。ほめることで、他人をコントロールするつもりはありませんが、相手が喜んでくれたらうれしいなという気持ちですが、そのときの自分の表情がいちばん素敵だという考え方は、今のお話と重なりました。

西村 人は、その人のことを信じてあげることはできる。その人を信じてあげることができたとき、それは自分を信じるという誰にも奪われないしなやかな大きな強さになります。ですから、ほめることは自己完結です。ほめ達の中でよく話されるのは、ほめて相手が変わったのではなくて、自分がほめることを実践していくことによって、自分自身が大きく変わったということです。見えてくる景色が変わり、相手との関係性が変わったということです。

**菊池** 私は昨年までは現場の教師として担任をしていましたから、一年間の成長を考えて、日々実践を重ねていました。現在は、行った先の一時間限りの授業の中で、知識重視ではなくて、意欲重視の授業観を広げていこうとしています。硬くなってしまっている子どもたちを少しずつほぐしていくのに、ほめることとともに、教師のコミュニケーション術がすごく重要になってきます。目線とか表情とか話し方とか立ち位置とか動きなどです。これは、一斉指導の知識重視のときには、特に気にしなくてよかったと思います。今、私は、無意識でやっていたところを見つめ直して、ここはこういう言い方をしようとか、ここは目線を引いてこうしようと意識しています。自覚的に自分の行為や言葉を使うということが必要になってきているというのが、私の毎日の体験を振り返っての思いです。

**西村** ほめ達は何をしているかというと、まさに、無意識の意識化ということです。無意識の意識化の微差の積み重ねが圧倒的な人間力の魅力の違いをつくります。だから話の切り方を意識したり、今おっしゃったように、どういう伝え方をしたらよいのかというのをちょっと意識してやってみるということです。

**菊池** 新年度が始まったばかりの頃、若い先生が「心配だな、うまくいくかな」というようなことを口にしているのを耳にすることがあります。まだ始まってもいない段階なのですから、「よしやるぞ」という強い気持ちがない限り、どんな手法を使ったとしてもだめだろうと私は本当に思います。人間力が弱いというか、最初から負けているのです。私も、「結果の出ない努力は、努力とは言わん」というお言葉をお聞きしましたので、まだまだ努力が足りないと思って頑張ります。

# dialogue12

# ほめ合うことで、人間関係豊かな組織・学級づくりを

菊池省三
×
太田　肇（同志社大学教授）
Hajime Ota

【対談者紹介】

太田　肇（おおた・はじめ）

一九五四年生まれ。神戸大学大学院経営学研究科修了。三重大学人文学部助教授、滋賀大学経済学部教授を経て、二〇〇四年から同志社大学政策学部教授。専門は組織論。経済学博士。組織学者。個の視点から組織や社会について幅広く発言している。著書は、「知識ゼロからのモチベーションアップ法」（幻冬舎）、「なぜ日本企業は勝てなくなったのか-個を活かす『分化』の組織論」（新潮社）、「個人を幸福にしない日本の組織」（新潮社）など多数。

太田肇先生（同志社大学政策学部教授）は、個の視点から、組織や社会について幅広く発言している。個人尊重の論客として知られ、「組織を変えないと、日本はよくならない」と主張する太田先生と、「成長ノート」で子どもと教師の関係をつくり、「ほめ言葉のシャワー」で子ども同士の関係をよくしていこうと取り組みを進める菊池省三が、ほめることと承認欲求、個と集団などについて語り合った。

## 「ほめると子どもは調子に乗る」？

**菊池** 私は、教育のめざす方向として、ほめて、認めるということを大切にしたいと思っています。一方で、「ほめると、子どもは調子に乗るだけだし、それが目的になってしまう」という、私からしてみたら、それは都市伝説だろうとも思える批判がずっと消えません。ある意味、とても根深い問題で、そうした質問や意見が出されると、「ああ、またか」と正直思います。ほめることは、おだてるとか、コントロールするということとは、私は全く別のことだと考えています。このことについて、太田先生は、どのようにお考えか、最初にお聞かせいただきたくて、今日は、京都にやってまいりました。

**太田** そうですね、これはおそらく子どもでも大人でも同じだと思うんですけど、ほめることの逆効果というのはもちろんあると思います。ただ、何にでも弊害というのはあるわけですから、ほめるということは基本的に大事なことですし、ポジティブなものとして、私は捉えています。

**菊池** あまり適切な言葉遣いではないと思いますが、学級の中の下位層の子は、ほめられることによって内発的な動機が高まり、上位の子は、ほめられることでさらに頑張ろうとします。

教師と子どもの関係性がよければ、ほめられることで内発的な学習意欲は高まっていきます。一般的に、ほめたらそれが目的になってしまうというようなことはないと考えています。太田先生もほめることの側面についてご研究されていると思いますが、私の考えについては、どのように思われますか？

**太田** はい、私もそうだと思います。今、上位下位というお話がございましたけれど、企業での話をしますと、組織の中の上位と下位の人たちに対してほめることは効果がある、ということをよく耳にします。下位の人たちに、上位をめざして頑張ろうと呼びかけると素直に頑張れるけれど、中位の人たちに言うと、ライバル意識のようなものをもっているので、逆に反発することがあると言うのです。

**菊池** 私たち教師は、教室の中で一人ひとり違う子どもたちとよい関係をつくります。子ども同士は、「ほめ言葉のシャワー」などを通してつながっていきます。そこには、教師の覚悟という言葉に象徴されるように、公社会に通用する子どもを育てたい、そのためによりよい学級をつくっていきたいという強い思いがありますから、下位の子も、ましてや上位の子も、ほめることの効果は顕著に出てくると思っています。ですから、先ほどのような都市伝説を聞くと、「そうじゃないだろう」という気持ちが強く出てくるのです。結局、私たちが子どもたちときちんとよい関係をつくり、そして、きちんとほめて、認める。そうすることで、子どもたちは常に成長に向かって、ぐんぐんと育っていくと信じているのです。太田先生がご研究されている「承認欲求」について、少し教えていただけますか？

**太田** 最近、承認欲求という言葉が流行語のようになってきて、悪い面で捉えられることがありますが、私は、三〇年以上も前からずっと考え続けてきたことです。企業でも役所でも、働く人たちの中には、出世欲、名誉欲、自己顕示欲といったものが出てきます。これはみな広い意味での承認欲求です。承認欲求によって動機付けられる行動は、全体の七割ぐらいではないかと直感的に思っています。ただ、経営学などでは、マズローの欲求階層に関連付けたときに、承認欲求以外の欲求に動機付けられる人間モデルは存在するが、承認欲求の部分は、すっぽりと抜けているのです。けれども、現場の人たちから話を聞いたり、私が感覚的に感じたりしていることを総合すると、動機付ける力の中でいちばん強いのは、承認欲求だろうと考えたのです。私は、このことにとても興味をもちまして、本当は重要だけれども、なかなか表に出てこないところに、一層深い重要さがあるのかなと考えたのです。もう一つ、承認欲求と普通に言うけれども、欲求の部分と手段の部分の両方が混在してるのではないかという気がするのです。他の動物とは違って、人間の欲求には、認められることのほかに、何かよいことがあるとか、別の欲求につながっているというような部分が多く、これは欲求というよりも動機だと思うのです。この欲求と動機とが一緒に承認を求める行動として表れるところに、いわゆる承認欲求の強さ、重要さがあると私は感じています。

**菊池** 子どもたちもだいたい一緒だと思います。私は、学校現場、教室現場で考えたときに、ほめるも承認も、ある意味一緒だと思っています。あえて、ほめると承認を比べたときに、ここが違うというのがありましたら教えてください。

**太田** 私は、ほめるということは、承認の一部だと捉えています。例えば、場合によっては、「それでいいよ」と伝えるときにアイコンタクトだけで済ますことがあります。あるいは、何かをよくやったということを前提として、次の課題を与えるとかリーダーを任せるとかということも承認の方法です。場合によっては、叱る場合でも、君ほどのものがなぜこのようなミスしたのかと自尊心をくすぐりながら指導することも承認になると思います。こうした意味で、承認の方が広いと私は考えます。承認は、鏡のようなものだとも言っています。本人の気づかないよいところを、本人に知らせてあげるのが承認だと思うのです。

**菊池** 「ほめることは、承認の一部だけれども、中心にあるのがほめるというアプローチだ」ということでよろしいですか。

**太田** はい、私もそう思います。

**菊池** なんか、元気と勇気が出てきました。

## アドラー心理学への戸惑い

**菊池** もう一つ教えていただきたかったこととして、私自身本当に不勉強なんですが、アドラー心理学では、ほめることが否定されているように思います。このことについて、太田先生はどのようにお考えですか？

**太田** 私は、アドラーの本を二冊ほど読みましたが、ほとんど頭に残らなかったというのが正直なところです。私は、基本的に、ほめたり認めたりすることが大事だと思っています。もちろん、違う側面から見て弊害をあげることもできるでしょうし、部分的には言えることはあると思います。ただ、多くのことはみんな当たり前のことばかりを言っていて、あまり記憶に残らなかったという印象です。

**菊池** ほめるということの定義付けの問題も当然あろうかと思います。ただ、私たちは、実際に教室で子どもたちをほめて育てようとして、そこで大きな実感をもっています。子どもたちが、ほめられたことを契機に一生懸命頑張って成長していくという事実を知っています。にも関わらず、そうした事実に寄り添うことなく、「ほめるとはいうのは…」と、ほめることを否定する考えを聞かされると、どうしてそうなるんだろうと、いつも不思議な気持ちに

なってしまうのです。こうして、今日、太田先生からほめることとの価値付けをいただいて大変心強く思っているのですが、大きく広がったアドラー心理学の中でほめることが否定されていることは、ほめることのマイナスのイメージが現実として根深くあると痛感しています。

**太田** おそらく日本人というのは、二宮金次郎に象徴されるように、刻苦勉励、とにかく努力するのが正しいというような道徳観があって、ほめるとかほめられるという関係よりも、努力とか叱咤激励という文化が続いているのではないでしょうか？そうしたことが、アドラー心理学が受け入れられる土壌にもなっているように思います。

**菊池** ほめられても、「いえいえ、そんなことございません」と謙遜する日本人の美徳みたいなものを感じます。学校教育でも、特に小学校や中学校では、厳しくしなくてはだめだ、だめなものはだめとダメ出しをするんだと、子どもを厳しく統率する教師が評価される傾向にあります。学校、教室の実際はと言えば、いろいろなお子さんがいて、統率型・画一型・一斉型の指導法に適応できない子どもがたくさんいます。そんな子が、どんどんドロップアウトして学級が崩壊しています。教室に入れない子たちは、結果的に特別支援学級に行かざるを得ないという状況が、現在の学校にはあります。ほめて、認めて、育てることをした経験のない教師、成長の事実を見たことのない教師が、まだまだいるんだろうなと思わざるを得ない状況があります。そんな実態をどうにかして変えていこうと考えて行動しているのです。太田先生ご自身は、ほめて、認めるという方法で、こういうふうに変わっていったというデータ的なものをたくさんおもちかと思うんですが、そのあたりについて、お話を聞かせていただけますか。

**太田** 私は、これまで一〇年間程度、企業、役所、幼稚園、中学校、高校、病院で、実際にほめてどういう効果があるかということを見てきました。やはり、一番大きいのは、いわゆる自己効力感、学校現場では自己有用感とか言いますが、それがつくということ、ここが一番重要だと思っています。そこから、挑戦意欲であるとか、内側から出てくるモチベーションだとか、評価に対する満足度だとかいったものが明らかに高まったということが、一〇年間の研究を通して統計的に裏付けられています。ほめることの大切さは間違いありません。

## ほめることと集団、学びの関係

菊池 教室での人間関係が良好で居心地がよければ、子どもたちは落ち着いて勉強できるわけですから、学力は高くなっていくと、普通に予想しています。現在、そうしたことをある教科書会社に協力していただいて、検証するデータをつくろうと動き始めています。教師からも友達からも、認められもしない、ほめられもしないという、ぎすぎすした関係の中でいくら毎日六時間勉強したとしても、学力がつくわけはないだろうと思っています。ほめて、認めて、自尊感情が高まっていけば、当然、ものごとに対してポジティブになっていくわけですから、学びに対しても積極的な人間になっていく。私は、実感としてそう思っています。

太田 私自身は、そういうデータはもっていませんが、今お聞きしたお話の中で感じたことですが、臨床心理学者のハーズバーグが、「動機付け要因」と「衛生要因」で構成された「二要因論」を提唱しました。人間関係は、やる気を引き出すというより、衛生要因（不満要因）を防ぐはたらきをしてくれます。そこから考えてみますと、人間関係がよくないと前向きに発想できませんし、その意味で、よい人間関係は重要です。ただ、それ以上に人間関係がよくなったら、様々な成果が一層よくなるかと言うと、そうでもないようなのです。会社で人間関係がよくて、いつも一緒に楽しくやっているけれど、成果があまり出てこないというようなこともあります。人間関係も単に一次元でずうっと高ければいいというものではなくて、ある程度良好な人間関係が重要なのかもしれないですね。

**菊池** お互いに刺激を与え合うということなどでしょうか。組織が機械的、直線的に右肩上がりでずうっと上っていくということではなくて、高原状態と言うんでしょうか、多少停滞する時期があって、その都度やり直していくという営みが、教室の中で、一年の間に何度か繰り返されるというのはもちろんあると思います。そのように、けじめを常につけたり、時にはてこ入れをしたりして、集団が高まっていくということではないかと思います。

**太田** そうですね。私は、大学のゼミの学生を見ていても思いますが、人間関係がちょっとよくなりすぎるというか、親密になりすぎると、逆にトラブルが出てくることもあります。ある程度のところで、うまくけじめをつけるということも大事だということを感じます。

**菊池** 私たち教員も、四月から始まる学級は、○月頃にはこうなって、こうやればこうなるだろうと見通しが甘いことが多く、学級という組織の浮き沈みみたいなものに注意がいかないことが少なくないのが実態です。一直線に伸びていくだろうと期待してしまうのです。集団というのは、もともと停滞があったりぶつかり合いがあったりして、そのたびに質が高まっていくもののはずです。問題なく、きれいに、順調に発展してくことばかりを願い過ぎているところが確かにあるなと、反省を含めて考えさせられました。私は、「ほめ言葉のシャワー」という取り組みをしています。それに対して、「ほめられたいために、その子は、その日だけ変に頑張るんじゃないか」というような批判的な意見が寄せられます。私は、「子どもがほめられようとして頑張ることがどうしていけないんだろう」と不思議な気持ちになります。最初はそうかもしれないですが、二巡目三巡目と回を重ねていく中で、観察力がお互いについてきますから、特に意識して張り切らなくても、お互いがプラスのストロークで見合うことができるようになってきます。美点凝視です。一年間の中で、教室の中の人間関係が変わります。ごく自然にプラスの関係をみんなとつくり合って、その心地よさを楽しむというか、安心して生活することができるようになります。「ほめ言葉のシャワー」は、一人ひとりをみんなで成長させ合うという取り組みです。そうした取り組みが、教室だけではなくて、家庭でも職場でも、どんどん広がっていけばいいなと思っています。

**太田** 大学では、学生に自己分析をさせることが多いのですが、私自身は、自己分析はさせません。それは、自分だけで自分を見て、あまりに自分を決めつけてしまっていて、かえって可能性を狭めてしまっているように思えたからです。今、菊池先生からお話しいただいたように、三〇人が常にずっと自分を見てくれていて、普段の生活の中からよいところを指摘し合い、そして一人ひとりの可能性が広がっていく。これは、本当に大切なことだと思います。

# 第4章

# これからの教師

# dialogue13

# 今、教師に求められる力とは

菊池省三
×
陰山英男（教育クリエイター）
Hideo Kageyama

【対談者紹介】

**陰山英男**（かげやま・ひでお）

一九五八年兵庫県生まれ。兵庫県朝来町（現朝来市）立山口小学校在職当時、百ます計算やインターネットの活用等により学力向上の成果を上げる。NHKテレビ「クローズアップ現代」で取り上げられ反響を呼ぶ。二〇〇三年広島県尾道市立土堂小学校の校長に就任。二〇〇六年立命館大学教育開発推進機構教授。二〇一七年退職後、教育クリエイターとして活躍中。一般財団法人基礎力財団理事長。NPO法人日本教育再興連盟代表理事。徹底反復研究会代表。

陰山英男先生と菊池省三の出会いは、今から一四年ほど前に遡る。以来、様々な場で活動を共にしてきたが、「『基礎』か『コミュニケーション』か?」と、二項対立的に捉えられることも少なくない。出会った頃の思い出から、それぞれが考える教育観について語り合う場が、二〇一七年一二月「第二回菊池省三先生との教師のたまごセミナー」で実現した。

## 教師に求められる力

菊池　突然ですが、陰山先生が一番好きな芸人はどなたですか。

陰山　好きというか、実力者だなあと思うという意味で明石家さんまさんですね。さんまさんは、プライベートでいるときは、自分が出演した映像を観て分析しているそうです。自分が喋っているのを聴いたり、自分の映像を観たりするのはすごく勇気のいることだと思いますが、彼はそれをするそうです。

菊池　私も最近さんまさんに関する本を読んだのですが、「最近の若手芸人のお笑いのレベルはすごく高い。私はそこまでいかない」というような分析をしていると書かれていました。プロフェッショナルだなあという感じがします。それでは、本題に入りまして、「今、教師に求められる三つの力」について陰山先生のお考えをお聞かせください。

陰山　私の考えでは、ただ一点「分析」に尽きます。「何を分析するか」という点で三つをお答えすることで、この質問への答えとさせていただきます。一つめは「子どもの分析」、二つめは「社会の分析」、三つめは「自分の分析」です。最初の「子どもの分析」については、「みる目」という言い方がされていますが、子どもの喜びや悲しみ、勉強の中身が分からないのか、分かろうとしないのかを教師として判断しなくてはいけない。子どもの目の動きから、鉛筆の動かし方まで、全部見切った上で子どもを正しく判断する力としての分析する力です。二つめは、例えば文部科学省のホームページを定期的にチェックするなどして、最新の行政の動向を頭の中に入れておくとか、社会全体の変化が子どもたちの未来に対してどういう意味をもつのかを考えるというような、「社会の分析」をし続ける力です。そして、三つめは、「子どもを見て、社会を見て、それらに対して、自分はどうする？」とある意味客観的に、自分を見つめることのできる力です。この三つは、いつの時代になっても変わらないかなと思っています。

**菊池** 私は、まず「学び続ける力」かなと思います。教師が学び続けなければ、当然、子どもが学び続ける人間には成長しないだろうと思います。二つめは、今、陰山先生もおっしゃった教師の「みる目」です。教室で、「どうなんだろう？『みる目』は大丈夫かな？」と思わざるを得ないケースがよくあります。子どもの内側の成長とか変容などを「みる目」が弱くなっているのかなと思うことが少なくないのです。いろいろなお子さんが増えている状況の中では、教師の「みる目」が、いよいよ重要になっていると思います。三つめは、「向上心」です。私は二〇代のときに、お師匠さんから「全国レベルになれ、全国レベルになれ」と、いつも言われていました。

## 地方から全国への発信

**菊池** その「向上心」ということに関わって、私が初めて陰山先生にお会いしたときに「四〇歳になる前の日に、日本海に行って泣いた」というお話をお聞きしたのですが、今日、そのことをここでご紹介いただけないですか？私が挙げた「学び続ける力」「教師のみる目」「向上心」は、ある意味私の中では同じ意味の言葉ですが、陰山先生には、そうしたお気持ちが私以上にあったのではないかと思ったエピソードだったものですから。

**陰山** あのことを言うの？

**菊池** はい、是非。私はとても大きなポイントだと思っていて、その後、NHK「クローズアップ現代」へのご出演、土堂小学校への校長として赴任、さらに立命館大学・立命館小学校に着任、教育再生会議や文部科学省の中央教育審議会への参加と続いていくわけで、私から見たら、化け物的なご活躍の思いの象徴となるエピソードなのではないかと思っているわけです。

**陰山** 当時の状況と今の状況とはちょっと似ていて、学級崩壊とか、いじめなどが学校にはあるにも関わらず、メディアも取り上げず、社会に知られていなかったことに私は危機感を覚えていました。そのことを世の中に知らしめなくてはいけないということを強く思っていました。それを具体化するために自分の中に締め切りを決めて、三〇代のうちに本を出版して社会に訴えようと考えたのです。実際に、一九九六〜一九九七年に自分の考えや思いを原稿として書きました。それが、その後、「本当の学力をつける本（文藝春秋　二〇〇二年三月発行）」になる元の原稿です。ただ、どこの出版社にも相手にされませんでした。「こんなレベルの低いものは本にできません」とまで言われました。そうこうしているうちに、自分の中の締め切りにしていた三九歳の最後の日に、「いよいよ明日は四〇歳だ。僕は残念ながら目標を達成できなかった」という思いが込み上げ、とても落ち込んだのです。学校を出て家の前を通り過ぎてそのまま北に向かい、山陰海岸まで車を走らせました。以前から悲しいことがあったときに行っていた場所に行きました。そこで、私は一人大泣きをしました。ただ人間はいい加減なもので、泣くと感情が急に爽やかになることがあると思うのですが、私はその時も、急にお腹が空いてきて、それと同時に「何バカなことやっているんだろう」と思って車をUターンさせて、家に帰りました。走り始めると、今度は悔しい気持ちがムクムクと頭をもたげてきました。「僕が世に出るタイミングは今ではないんだ。この原稿は、将来、日本に大きな影響を与えるものになるんだ。そのためには出版社も選ばなくてはいけない。そこから出すために、わざわざ他の出版社から断られたんだ」と誠に自分勝手なストーリーを創ったのです。さらに、じゃあどこの出版社からその本を出そうかと考えたときに、田中角栄首相を辞任に追い込んだ文藝春秋が思い浮かび、「この原稿は文藝春秋から本になって世に出る」ということをその時に決めました。その後、自分の実践が教育研究全国集会で話題になり、朝日新聞に掲載され、いくつかの出版社から他の原稿を本として出版することになりました。ただ、最初の例の原稿だけはそのまま大事に手元に残していました。ある日、朝日新聞の記事を読んだ文藝春秋の記者から、突然自分のところに電話がかかってきました。私は心の中で「来たー！」と叫びました。二〇〇〇年一一月、「クローズアップ現代」に出演した直後だったと記憶しています。

**菊池** ある地方都市の公立小学校の一つの教室から、自分の実践・事実を全国に問いたいという相当強烈な気持ちがおありだったことも、今のお話をお聞きして改めて感じました。同時に、広島県尾道市立土堂小学校で行われた「第0回教育オーディション」のことを思い出しました。陰山先生が土堂小学校の校長に就任された二年目の二〇〇四年一一月二五日に、公開研究会が終わった後、千葉県や福岡県から参加した五人の先生がご自身の実践についてプレゼンをして、集まった五つの出版社がそれを聞いて本にできる可能性があると思うものに手を挙げるという、かつてのテレビ番組「スター誕生」のようなイベントが行われました。陰山先生が企画されたわけですが、そのようなことを発想され、実行されていたことから分かるように、陰山先生は、やるんだったら強い気持ちで、覚悟をもってやろうじゃないか、ということを本気で発信されていたと思います。私もその場に参加させていただいてプレゼンをしたのですが、その時、陰山先生は私に「すでに本を出されているのに、どうしてここに参加されたのですか?」と聞かれたのを今でも覚えています。私は、「新しい出会いを求めてやってきました」と答えたのですが…。陰山先生は、当時から全国を見ながら、ご自身の実践を研ぎ澄ましていらっしゃったのだと思います。

## 教師の「みる目」

**菊池** 全国の学校にお伺いしたときに、「今の若い先生は、指示されたことはするけれど、なかなか自分で工夫して新しいことをするということができないですね」ということをよく耳にします。

**陰山** 大事なことは、本人の中にやりたいことがあるかどうか、ということだと思います。さっき言ったこととちょっと矛盾しますが、どんな分析をしたとしても、そのこととは関係なく自分がしたいことをするということですね。私の生きる原動力は「面白かったらやる」ということです。

**菊池**　陰山先生はロックシンガーでもあるんですよね。

**陰山**　YouTubeにアップしてある「九九の歌」は視聴回数が二〇万回を超えています。

**菊池**　自分自身が目的をもって楽しんでいるということが、年齢に関係なく大切なところかなと思います。話は変わりますが、「早寝早起き朝ごはん」に代表される生活習慣の確立について、改めてお話ししていただけますか。

※二〇一九年八月現在、三六万回を超えている。

**陰山**　生活習慣が確立されると元気になってきます。学力の向上というのも、元気の表れの一つです。子どもたちの学力が高まってくると、少なくとも小学生は、自分を伸ばそうとして、自ら「早寝早起き朝ごはん」に移行していこうとするということが最近分かってきました。幼少期から「生命的学習能力」というものが育っていくようなのですが、その育て方というのはまだ未確立な状況です。乳幼児の教育について、もっともっと実践的に深めていってほしいですし、可能性がとても大きな分野だと思っています。

**菊池**　ご自身の教員人生を振り返られて、必ずしも順風満帆ではなかったとお聞きしています。新しい場所に行って陰山先生が新たな取り組みをしようとすれば、それまでの体制や方法と軋轢を生んできたというお話をお聞きしたこともあります。そうしたときに何を支えに頑張

ってこられたのですか。

陰山　私は、「事実は事実に即して動く」ということを大切にしています。どんな大きな論をもってしても事実は動きません。いくら論を張ったところで、事実が起こっていなければ、それに連鎖して新しい事実が生まれることはないのです。小さくてもいいから事実があれば、それを見た人が実践して、新しい事実が生まれ、拡大していく可能性があります。一つの本質をもった事実は、たとえ小さくても、やがて大きなものになっていくということは間違いないと私は信じています。職員会議で、新しい方法を取り入れようと提案をしても、それが導入されていくことはほぼありません。どうすればいいかと言えば、自分の学級で導入して事実を残していくことです。

事実が生まれると、周りに一人二人と賛同者が出てきて、大きな動きになっていくのです。

菊池　陰山先生は、継続して入られている地域の先生たちに対して、どんな声かけをされたり、何を伝えられたりしているのですか。

陰山　「顕著な変化は出てきませんよ。指導した瞬間に起こる子どもの変化を見逃さないようにしてください」ということです。

菊池　教師の「みる目」ですね。

陰山　そうです。教師は現場の人間ですから、「みる目」が全てです。

菊池　何をみて、どう取り上げて、どう意味付け・価値付けすることをし続けられるかということに尽きるということですね。

陰山　そこまでの自分の人生経験の反映です。それまでに経験して積み上げてきたことと比べ合わせながら、目の前のことを理解していくしかありません。

菊池　学力テストの点数のような目に見えやすいことはともかく、教室の中の一人ひとりの変化のような分かりづらい部分をどう見たかというようなことを教員同士であまり議論してきていないのではないかと思います。

陰山　私が大阪府の教育委員をしていたときに、いろいろな学校に行って教室を次々に見て回るというようなことをよくしました。一巡して校長室に戻って、「●年●組と、◎年◎組は、ちょっと改善が必要ですね」と言うと、「えっ、なんで分かるんですか」と言われることがよくありました。

**菊池** そういう空気感は、すぐに伝わってきますよね。

**陰山** にも関わらず、そうしたことが教員間で共有されることはないし、管理職試験の中で話題になることもないのです。

**菊池** 「みる目」がない中での一斉指導によって、こぼれていってしまう子どもたちがいます。変容をみることができる教師であれば、一斉指導も効果的なものとして機能します。教えるものがあって、それをどう教えているかというところばかりが議論されがちですが。

**陰山** 子どもを「みる目」について、もっと校内研修の場などで議論し、共有していく必要があります。

## 地方から全国への発信

**菊池** 陰山先生と私が並ぶと、「『基礎』か『コミュニケーション』か？」と聞かれます。私は、どちらも大切なことだと思っていますが、なかなかその二項対立の枠から抜けられない方が少なくありません。

**陰山** どちらも大切だというのは、当然のことです。私だって学級経営のことについて聞かれたら喋ります。菊池先生だって、学習指導、基礎・基本についても思っていることはたくさんあるはずです。期待されているものが違うだけです。二項が対立ということはもともとないのです。対立するものを両立させること、矛盾することを両立させることこそが仕事なのですから。

**菊池** そうでなかったら、「正―反―合」になりません。

**陰山** 私たちがここでバトルをするとメディア的には面白いでしょうし、近付いてくる人たちもいるかもしれませんが、そんなことをしていたら、仕事をするということの意味がなくなってしまいます。

**菊池** 子どもが示してくれる事実を見ていたら、どっちがどっちというようなことは一切ないですよね。

**陰山** 小学校教師は本当に可能性がいろいろある仕事です。今、「しんどい」という声がたびたび聞こえてきますが、その夢の部分を忘れないで大切にして、教師という仕事を全うしてほしいなと思います。

dialogue14

# 「主体的・対話的で深い学び」を創る教師の生き方

菊池省三
×
前田康裕（熊本大学教職大学院准教授）
Yasuhiro Maeda

【対談者紹介】

**前田康裕**（まえだ・やすひろ）

一九六二年熊本県生まれ。熊本大学教職大学院准教授。熊本大学教育学部卒業。岐阜大学教育学部大学院教育学研究科修了。公立小中学校教諭、熊本大学教育学部附属小学校教諭、熊本市教育センター指導主事、熊本市立向山小学校教頭を経て、二〇一七年四月より現職。著書に「まんがで知る教師の学び　1～3」（さくら社刊）、「まんがで知る未来への学び」（さくら社刊）など。

二〇〇八年に設立された日本スクールコーチ協会は、二〇一八年結成一〇周年を迎えた。それを記念して、全国五か所で記念セミナーをスタートさせ、第一回イベントが二〇一八年六月三〇日、熊本大学・くすの木会館で開催された。その場で、旧知の間柄である熊本大学教職大学院・前田康裕准教授と菊池省三との間で、「『主体的・対話的で深い学び』を創る教師の生き方」について対談が行われた。（対談の司会は、日本スクールコーチ協会の間宮歌子理事が務めた。）

## 一人の人間として大切にしていること

**司会** 最初に、「一人の人間として大切にしていること」をそれぞれからお話ししていただけますか。

**前田** 私の場合は、「絵を描く」ということが多少は他の方々よりもできるので、その強みを生かすことができたら楽しいだろうな、と思っています。もう一つは、どうなるか分からないところに自分を置いてみたら面白いだろな、と思ってそのようにしています。新しい大学に行って授業をしてみたら、何か文句を言われるかもしれないけれど、新しい出会いがそこにはあるだろうし、どうなるか分からないことを楽しもうという気持ちが自分にはずっとあります。

**菊池** 「人生は一回きり」ということは、絶対に否定・反論できないことだと私は確信しています。「一回しかない」のであれば、「じゃあ、自分がしたいことをやるか」という気持ちでずっと様々なことに取り組んできた結果として、今があるのかなと思っています。これからもこのことを大切にして、いろいろなことに挑戦していこうと思っています。

**前田** 以前から菊池先生にお会いしたら聞きたいと思っていたことがあります。それは「今、幸せですか？」ということです。

**菊池** （笑）幸せですね。三三年間学校にいましたけれど、学校では学べなかったことや、意識していなかったことを、今の環境の中で学べていると実感しています。学校内外で、どちらも教育について学んでいるわけですが、在職中には学べなかったことを学ぶことができているることがとても幸せですね。

**前田** なぜそんなことをお聞きしたかというと、教員は安定している仕事ですから、定年まで続ける人が多いのが現状です。定年後も、再任用制度で教員を続けられる方も少なくありません。もちろん、経済的な理由だけではなくて、やりがいも大きい仕事です。それを早く辞められたということは、現状にとても不満があったのか、もっとやりたいことがあって辞めたのかのどちらかだと思いますが、私は、もっとやりたいことがあって辞めたのだろうと想像していました。その「もっとやりたいこと」は、どんなことですか？

**菊池** 前田先生が考えられていた通りです。一つめのことで言えば、私が最近言っている言葉で「体制への健全な怒り」が背景にありました。正直「もうやってられないな」という気持ちがありました。もう一つは、若い頃から書籍を通して全国の著名な先生方の実践を学んでいました。その当時から、私は私なりに北九州の地で、コミュニケーション教育に取り組んでいました。同時にその頃には「新しい学力観」というものも言われ始めていて、今日でいうアクティブ・ラーニングへの動きが出始めました。結果的にはあまり変化はありませんでしたから、「この辺でちょうどいいかな、今だったら、自分の考えてきたことや実践してきたことを伝えられるかな、『時は来た！』」ということを考えて学校を退職しました。ちょうど、自然発生的に全国に菊池道場の支部がぽつぽつとできてきていましたので、「怒り」をエネルギーにしつつ、仲間と共に思いを一つにして、実践を広めていこうと決意したのです。

**前田** かつて「教育技術の法則化運動」というのがありました。教育技術を共有財産にしていこうという動きで、自分もそれに参加していました。その運動自体はよかったのですが、自分自身の中に教育観とか、学習観というものが出てきて、自分なりの主張というか、自分なりの学習の在り方とか、教師の在り方というものについて考えるようになる段階まできたときに、それはどうやって表現していけばいいのだろうかと考えました。その思いが強くなったときにまとめたのが「まんがで知る教師の学び（二〇一六年　さくら社刊）」でした。それまでの運動体の中で書いた本は自分の考えを出したという感じがしていなくて、この本が自分にとっての第一作だと思っています。何か伝えたいこと、やりたいことという点で、菊池先生がおっしゃったことと共通していると感じました。

**菊池** 前田先生は絵がお上手ですが、「自分の得意技を発揮する」ということは、教師にとってとても大事だと思います。ところが現状は、そういった一人ひとりの先生方の強みをなかなか発揮できないでいるのではないでしょうか？ 全国的に「○○県ベーシック」とか「○○県スタンダード」と呼ばれる指導法が優先されていて、一人ひとりが「らしさ」を発揮するということとはほど遠い現状があります。前田先生は、ご自身の教師人生の中で、教育技術も磨かれ、「観」についてもお考えを深めてこられたわけですが、その関係というのはどんな感じだったのですか？

**前田** 私は「技術」はとても大事だと思っています。指示や発問によって授業をつくっていくということとは、教師として最低限できなくてはいけないことです。一九九九年に、アメリカのサンフランシスコで研修があるから行ってみないかと誘われて、行ってきました。そこでは、プロジェクト型の協働学習が行われていて、それを見て初めて「学習」とはこういうことなんだ、と気づきました。先生の指示・発問によって考えていくのではなくて、学習課題があって、その学習課題を通して自分のスキルや知識を身につけながら、楽しみながら、皆と協働しながら学習していくというスタイルです。私自身が学習者になったことが大きなきっかけで、学びに対する考え方ががらっと変わりました。

## 対話・話し合いの価値と目的

**司会** 二〇二〇年から完全実施される新学習指導要領では「主体的・対話的で深い学び」が求められているわけですが、何も新しいことではなく、お二人の先生方は、すでに実践されているということですね。

**菊池** 算数の問題の解き方を三人で考えて、その結果を前で発表して「どうですか?」と聞くと、声をそろえて「わ・か・り・ま・し・た」と返事をするような場面によく出会います。そういう場面に接すると、対話・話し合いの価値というものを、教師が考えていないのではないかと思うのです。これまで、一方的に教師が教え、子どもは正解を発表するということがずっと続いてきました。全てスピーチ系で「対話」にはつながらないのです。教師が、対話の価値についてどれだけ理解しているかということを踏まえて、対話を具体的にどうつくっていくかという指導をしていかなくては、何も変わらないと思います。対話をするときの子ども同士の距離の取り方一つとってみても、現実的ではないし、不自然な状態で行われていることが少なくありません。

**前田** そうですね。対話が目的になってしまっていて、対話をさせようということばかりが前面に出て、そもそも何の課題を解決しようとしているのか、皆で考えて答えを出さなくてはいけないほどの高いハードルが用意されていないので、話し合いをしても真剣になれないということが少なくないですね。難しい問題に直面して、「えーっ」となって話し合いに入っていくという設定をしないと、子どもたちは本気の話し合いができないですよね。子どもたちに対して、「君たちが大人になったときに、いろいろな人たちと知恵を合わせて、お互いが『この人と仕事をしてよかったな』と思えるような人間性を身につけた人になってほしい。そのために対話的、協働的な学びをするんだ」ということをきちんと伝えることが大切です。

**菊池** 私は、対話・話し合いの目的や価値を、教師は考え続けなければいけないと思います。机間指導では、子どもの机の上のノートを見る先生が多いと思います。「できたか、できないか」「しているか、していないか」の確認ですね。「どういうつながりがあるかな」「どういうふうに動いているかな」と視線を上げて、教室全体を見渡すような場面があまりないですね。「終わった人は近くの人と話し合ってごらん、相談してごらん」と言って、その場しのぎ的に、何となく話し合えばよい程度のことをしている状況が多いのではないでしょうか?そんなことをしていて、「対話のある授業」と言っているのではないかと心配するのです。

## 教師の「みる目」

**司会**「一人ひとりをみる、全体をみる、つながりをみる」と複数の「みる目」をもって教師として教室に存在しているんだということが分かりました。

**菊池** 在職中は、どんな教材をもってこようか、どんな授業展開をしようかということを考えていましたが、現在は一時間限りの飛込授業がほとんどで、先生も学校も期待して待ってくださっていますので、「どんな空気をつくろうか」ということを一番に考えるようになりました。そして、「教師のパフォーマンス力」というところに行き着きました。「教師のパフォーマンス力」というと、何かを演じるというイメージがありますが、それだけではなくて「教師の『みる目』」も「教師のパフォーマンス力」だと書かれた本に出会いました。「何を考えているんだろう」「何を話しているんだろう」「どんなふうに考えが動いているんだろう」ということを考えるのが、「教師の『みる目』」であり、パフォーマンス力なのだと思います。このことは、在職中は、あまり意識していなかったことです。そして、一時間限りの授業ですから、絶対に失敗感を与えないようにしようと意識しながら、子どもたちの思いをどう拾い、動きに対してどう返していくかということを、今私は大事にしているのです。私

が教師になったばかりの頃は、教えることが中心だったわけですから、教師のパフォーマンスは抑圧的でよかったけれども、今の教師は今の子どもたちに合ったパフォーマンス力を鍛えていかなくてはいけないと考えています。

**前田** おっしゃる通りですね。一人ひとりの学習が成立しているかどうか、ということだと思います。クラス三五人の子ども全員が、「学習が楽しい、面白い、分かった」と思っているかどうかという見方をする、学習者の側に立って授業を見ると、別の見え方になります。私も以前は、指示・発問を重視していましたが、教室の板書が一番後ろの席の子どもからはどう見えているかとか、話し声はどう聞こえているかというような意識をもつと、授業は全く変わってくると思います。これは、サンフランシスコでの研修が大きなきっかけになっていますので、どうなるか分からないところに自分の身を置くということ、何かに巻き込まれる中から生まれる自身の変化を楽しむということが、とても大事だと思っています。

**菊池** 教師という職業は、安定した生活や人生が基本的には保障されているというお話がありました。私自身も確かに三〇数年間そういう場にはいました。私は、生まれが愛媛県、大学は山口県、そして福岡県北九州市で教員になりましたから、教員生活の中に学閥のような縛りもありませんでしたし、一地方で全国の先生方のご著書を読んで教育のポイントを学びながら、ある意味自由にやっていました。ただ、北九州では北九州のやり方が示されていましたので、自分の学んだこととは結果的にぶつかることになりました。私は、自分の学んだことが正しいと信じていました。子どもが変わるという事実がその根拠です。そして、自分もそちらの方が楽しかったということもあります。そんなことを考えながら、今がタイミングかなと考え、三年前に退職をしました。経済的な不安がなかったかどうかというよりも、「人生は一回しかない」のですから、やりたいことをやりたいという思いが強かったということですね。

## 学び手としての教師

**司会** お二人のお話を伺って、「ご自身が学び手になり、そこで見えてきたものから、自身の人生を変えられたんだ」と感じました。「学び手」になるということと「教師の『みる目』」がつながっているとも思いました。

**前田** 「学ぶ」ということは、「何かに気づき、自分が変わること」だと私は考えています。気づきをいかに大切にしていくかということだと思います。あらゆることに気づきはありますから、自分の人生を豊かにしていくために、人との出会いや人の考えから、どれだけ気づけるかがポイントではないでしょうか。

**菊池** 若い頃、お師匠さんからは「全国レベルになれ」といつも言われていました。全国の著名な先生を北九州にお呼びしたり、自分で出かけて行ったりしました。お師匠さんの言葉に押されて学びました。ただ、若かったですから、そうした日々は恥をかくことの連続でした。三〇代になって一定学んだなと思った頃、「恥をかくのももうこのへんでいいか」と思って学びを中断しようと考えた時がありました。ただ、何とか思いとどまって、さらに学びを加速させていったことを思い出します。今も恥をかくことの連続ですが、止まったら終わりだと思っていますので、毎日走り回っているという状況です。

**前田** 私は好きな言葉が三つあって一つめは「リフレクション」、自分を見つめる。二つめに「ストレッチ」、ちょっと挑戦する。三つめは「エンジョイメント」で、楽しむ。これが、学び続け、組織を活性化し、自分を伸ばしていくための大事な要素だと言われています※。大事なことは、今よりちょっと頑張って、自分を振り返りながら、楽しんでやるということだと思います。

※「職場が生きる人が育つ『経験学習』入門」(松尾睦著、ダイヤモンド社)

**菊池** 道理が通用しないと言っていい厳しい地域の学校にいましたが、私はそれでもやはり「学校は宝箱だ」と思っています。自分にとっての新発見がいっぱいあります。「一日一個新しい発見をしよう」と同僚と約束をして、毎日楽しんでいました。どんな地域であっても、どんな子どもたちであっても、学ぶべき宝物が絶対にあるはずだと決め、毎日、探し続けていました。それは今の環境になっても同じです。それは、本当に楽しいことです。

dialogue15

# 教師の元気が、子どもの元気をつくる

菊池省三

×

島田妙子（兵庫県児童虐待等対応専門アドバイザー）

Taeko Shimada

**【対談者紹介】**

**島田妙子**（しまだ・たえこ）

一九七二年神戸市生まれ。一男二女の母。四歳の頃、両親の離婚で兄二人と児童養護施設に入所。七歳の時、父の再婚で家庭に復帰するが、継母と実父による壮絶な虐待が始まり、何度も命を落としかける。二〇一〇年末、心の支えであった次兄が白血病で他界。これを転機に兄の思いを引き継ぎ、「児童虐待の予防」にむけての自叙伝を執筆。また、「大人の心を助ける」講演活動を積極的に行っている。著書は、「虐待の淵を生き抜いて」（毎日新聞出版）ほか。

自身の被虐待経験をもとに、全国各地で貧困・虐待問題を中心に講演活動をしている島田妙子先生と、「一人も見捨てない教育の実現」をめざして、いじめのない学級、豊かな人間関係があふれた学級づくりに取り組んでいる菊池省三の二人が、安心・安全の場としての学校づくりについて語り合った。

## 学校は、今

**島田** 研修の講師として、学校から声をかけていただくことが多く、先生たちとの学びの機会をいただいています。教師という仕事ですから、子どもたちに「ああしなさい」「こうしなさい」と毎日言っているわけですが、ひとたび一人の人間に立ち戻って話をした時に、泣き出してしまう先生がいらっしゃいます。「自分の家は、地獄です」「嫁から毎日罵声を浴びています」「家のことは一切自分がしなくてはいけないのです」など、様々なことが語られるのです。「三年間コンビニ弁当以外、食卓に並んだことがありません」という先生もいました。自分の子どもに対して、「あなたは教師の子なんだから」と攻撃してしまう先生もいます。悩みを抱えた教師が増えていると思います。教室では、気になる子を見ると腹が立ち、自分のストレスのはけ口として、児童養護施設に入っている子や、親からネグレクトを受けている子に怒りをぶつけます。一方で、そんな自分を冷静に見て「自分は何をしているんだろう」と思い、自己嫌悪に陥ってしまいます。感情のコントロールがしづらくなっていて、アンガーマネージメントなどのトレーニングが必要だと思うこともあります。

**菊池** 私は今の立場になって、毎日多くの先生と出会っていますが、今の島田先生のお話を伺って、なかなか教師一人ひとりの背景にまでは思いが至っていなかったということに気づかされました。現役時代もそうだったかもしれません。気持ち的に余裕のある先生ばかりを想定してお話をさせていただいていたように思います。先生の裏側というか背景、あるいは先生が抱えているプライベートの部分には意識がいっていませんでした。

**島田** 教育の現場で頑張っている人の中には、家庭がガタガタになってしまっている人が少なくないと感じざるを得ません。自分としてやりがいをもって、自信をもって取り組める仕事だから、そこにエネルギーを全て注ぎ込んでいるのです。その一方で、家庭は取り返しのつかない状況になってしまっています。これ以上無理をしないで、といつも思うのです。便利な時代になっているわけですから、食事一つにしても使えるサービスはうまく使って時間をつくりだし、睡眠を少しでも多くとってほしいと思うのです。

**菊池** 一人の人間として、教師という仕事と家庭での生活の部分については、全くと言っていいほど脚光を浴びていないことに気づきました。盲点でした。「先生個人に余裕がないと、よい仕事はできません」程度しか、教育書では触れられていないと思います。部活動の問題が大きく語られるようになりましたが、少し前までは「吹奏楽母子家庭」という言葉があって、それは武勇伝として語られていました。しなくてはいけないことが次々と積み重なってきていて、余裕がなくなってしまっています。教育の世界が、勝ちか負けかの世界になっているとも思います。

**島田** 職員室の中でも教員同士が挨拶をしなかったり、場合によっては目も合わせないという話を、先日伺った学校で聞きました。先生たちが、いっぱいいっぱいになってしまっているのでしょうか。昔の職員室は、子どものことで激論を交わして、熱く語り合い、大きな声で怒鳴り合うことすらあるというのが普通だったのではないでしょうか。一人ひとりに自由が保障されていたとも思います。パワハラ、セクハラ、体罰禁止といった言葉が一般化する中で、先生が貝のように口を閉ざしてしまっている。余計なことを言わなくなって、情熱が失われてしまいました。

## 言葉を大切にした教室を

**菊池** 全国の学校や教室に伺って気になっていることの一つに、「〜ない」子どもたちの姿があります。「手を挙げない」「話し合わない」「書かない」「動かない」といった姿です。周りの様子を伺いながら、積極的には友達との関係をつくろうとしない空気が充満しています。そうした中で、私は、四五分間か五〇分間の一回限りの授業を行い、「〜ない」状況をどう変えていくかと、勝負の日々を続けています。ある日の授業で、私が何か質問した時に、最前列の子が一人だけ手を挙げていました。私はここがチャンスだと思い、「誰も手を挙げていない中で、一人だけ手を挙げる。多くの人は、誰も手を挙げていないから僕も手を挙げるのはやめよう、と考えてしまいます。彼は、心が強いですね。これを『一人が美しい』と言います。皆で拍手をしましょう」とクラス全員の前でほめるのです。するとこれをきっかけとして、周りも少しずつ変わっていきます。負の部分が増えてしまって、『皆で楽しく学ぶ』という学校の本来の意味が失われつつあるように感じます。「〜ない」という学校の今の空気を、子どもたちとの対話の中で、どうにか変えたいと強く思っています。

**島田** 私は、学校に伺った際に、先生が「座れー!黙れー!」と子どもたちを怒鳴っている場面に出くわすことがあります。「これから島田先生が話すぞー!」と。ただ、よく聞いていると、子どもたちに「ちゃんとしろ!」と怒鳴ってはいても、具体的に何が「ちゃんと」なのかを伝えていません。「程度言葉」と言いますが、「程度」を示してあげることが大切です。「ちゃんと」とはどうすることが「ちゃんと」なのか、「もっと」とはどこまですればいいのかと、具体的に話さなくては伝わりませんから。実は、先生もどうしたらいいのかよく分かっていないので、そのことについてあまり自信がなく、子どもたちになめられたり、押されたりしないようにと大きな声を上げて押さえ付けようとするのです。

菊池　教室で先生から「話し合いをしましょう」と呼びかけられた子どもたちも、実は具体的に何をどう話し合えばよいかが分かっていないのです。飛込授業のあとの振り返りで「菊池先生は、教室の中で端的な言葉で話されますね」と言われたことがあります。私は以前、「話し合いをしましょう」という時に、何を自分が喋るか、考えられることをいろいろノートに書き出してから、それを見ながら必要のないものを削っていくという作業をしたことがあります。それを通して、何を伝え、何が必要ないかを吟味しました。正直、小さな言葉の積み重ねの重要性についての自覚が足りない方が少なくないのではないかと思っています。「何を伝えようか」「教えなくてはいけないことがもれていないか」ということに気持ちが強く向きすぎて、言葉に気を遣うことがおろそかになっていると思うのです。

島田　子どもたちは、先生のことを直感的に見抜いていますね。「ばかにされている感」を感じてしまっている先生は、子どもを叱ることができなくなっています。自分の中で指導の基準を明確にもつ必要があるのではないでしょうか。中学教師をしている友人の勤務先の学校は、パワハラが横行し、「この学校に来たら、ここのやり方に従ってもらう。子どもになめられないように絞めろ！怒鳴れ！言うことを聞かせろ！」と強い圧力がかけられ、「自分にはできない」と友人は悩んでしまっています。私が学校を訪問して校長室に通され、校長先生に挨拶をしようとすると、名刺交換だけしてさっといなくなってしまわれる方がいます。

これまでやってきたことを私に否定されてしまうと思って、閉ざしてしまっているようです。否定するなんてことはないのですが、新しいことを取り入れることにとても臆病になっています。

**菊池** もちろん、集団としての健全な一斉指導はあっていいと思いますが、そろそろ、豊かな学びをつくっていく指導への転換を図っていきたいと思います。二〇一九年一月に菊池道場が開催した、第三回大阪冬の陣「全国自治体・学校サミット」の内容に象徴されるように、菊池実践を自治体として取り組んでいただいているところが増えてきました。とは言ってもまだまだ全体の一部ですので、この動きを加速させていきたいと決意しています。

## 学校を安心と安全の場所に

**島田** 私は、小学校四年生のとき、担任の先生から「放課後、残って」と言われ、先生と二人だけになった密室で全く理由も分からないままに、いきなり強くビンタをされました。私は、その時、家庭では虐待を受けていました。給食を食べることができる学校だけが救いの場でしたが、その日以来、その先生と目を合わせることもできず、顔色を伺いながら、毎日びく

びくして学校に行くようになり、安心できる場所がどこにもなくなってしまいました。その先生は、毎日一日中怒っていて、子どもながらに「いいのこんなことで」「学校って、何？」と思っていました。学校不信、大人不信になりました。今となっては、「あの先生、何があったんだろう」と思えるようになり、そういう先生を救ってあげたいとも思えるようになりましたが、この体験を通して、子どもにとって、学校が安心と安全の場であってほしいと強く思います。

**菊池** 教員の働き方改革が言われ、勤務時間の短縮や部活動の見直しなども行われていますが、学校制度の歪みだけでなく、教師の家庭、子どもの家庭の根幹が揺らいでいるように思います。ここへのアプローチが不可欠となっています。教師に余裕がなく、保護者にも余裕がない状況を反映して、子どもにとって家庭も学校も、安心できる状況ではなくなっていますね。大人も同じ状況です。先ほども少しお話ししましたが、私は現役時代、教員同士、お互いのプライベートの部分に思いを寄せることがなかったと反省します。教室の中だけの教師の在りようを磨き合うということには意欲をもっていましたが、家庭人としての教師という視点での想像力がなかったと思います。子どもを「みる目」ということがよく言われますが、教師集団として、教師がお互いの内面をどれだけ見ることができているかが、今の時代は特に問われているように思いますし、それがなくては学校の再生もないのではないかと思うのです。

**島田** 大切なのは、情熱です。強い思いがあれば、エネルギーをマイナスではなく、プラスの方向に使っていけます。やはり、覚悟ですね。私が、辛い状況から抜け出すことができたのは、中学二年生のときに出会ったある先生のおかげです。女子プロレスラーのマッハ文朱さんに雰囲気が似ていたのでマッハ先生と呼んでいました。二七歳だったその先生は、産休明けで、鼻を膨らませながら、はずむような歩き方で教室に入ってきました。表情や雰囲気、話し方など、どこを見ても「みんなは自分の子どもだ」というオーラを体中から発していました。「何かあったら私が助ける、守る」という決意の気持ちがあふれていたのです。私は「子ども第一」をうやむやにされるのだけは我慢できません。マッハ先生は、子どもに対して謙虚でした。自分の間違いを「また間違えた。ごめんな」と素直に認めてくれていたのです。

**菊池** 本当に、その思いがポイントだと思います。子どもや親、地域、あるいは管理職のせいにして不満を言っていたとしても何も解決しないわけですから、自分の個性やスタイルの中で、子どもに受け入れてもらおうという強い覚悟がもてるかどうかが大切です。そして、仕事を楽しむ、教師を楽しむという前向きな気持ちが、それを支えると思っています。自分らしさを出すことができない、「×（ばつ）」をつけていく減点法による評価ばかりの時代になってしまいました。先生たち一人ひとりが、自分らしさを教室で発揮していただきたいと思います。先生が元気をつくり、子どもたちに与えていくという自負が大切ですね。自分自身の夢を語ることができる教師の教室は温かいと、体験的に感じています。教育採用試験の倍率は、地域によっては一・五倍程度になっています。足りなくて、二次募集をしている地域もあります。教員になって学級経営の点で行き詰まってしまう若い先生が少なくない現状の中では、教員養成課程で学ぶ内容の改善も必要です。現状では、学級経営として学ぶことは指導法だけで、教室の人間関係づくりについては、何も学びません。子ども同士の関係性をどのようにつくっていくか、個の確立した集団をどのようにつくっていくかという視点での学びが不可欠だと思うのです。

島田 かつて「聖職」と呼ばれた教師という職業も、随分変わってしまいましたね。現状を見るにつけ、先生方の仕事量を減らしてあげてほしいと思います。心と体に余裕をもって、教室にユーモアを届けてほしいですね。私は、先生方に「何、くよくよしてんねん。元気、出そう！」と呼びかけています。元気になれば考え方が変わり、見え方が変わってきますから。「息を抜きながら、生き抜く」という姿勢で、教師という仕事を楽しんでほしいのです。

## ▼おわりに

二〇一三年にスタートした「菊池道場全国大会（第一回から第三回は「ほめ言葉のシャワー全国大会」として開催）」は、二〇一九年七月に第七回大会を開催し、全国三三都道府県から約三〇〇人の仲間が東京に集いました。九州の片隅で、地域の仲間と始めた学びが「菊池道場」の原型です

現在Facebookの「ほめ言葉のシャワーグループ」には、四七〇〇人以上が登録し、日々、活発に実践の交流が行われています。

こうした運動の広がりが、日本の教育を現場から変えていくと信じて、全国行脚の日々を続けています。

私が小学校の教員を退職して四年が経ちました。四年間、立ち止まることなく、ひたすら走り続けてきました。

正直なところ、変わらない学校現場を見ることも少なくないのですが、一方で、旧態依然とした教育が変わりつつある萌芽を見ていることも事実です。それが私の次へのエネルギーになってい

ます。

先日、とある町の首長さんと対談をさせていただきました。その中で、その首長さんは、「教育が大きく変わるときに備え、オセロゲームの角《かど》を押さえておこう」と言われていました。「この先、社会はどのように変化していくか分からないけれど、オセロゲームの角は絶対に返されることがない場所だから、どんな変化があっても左右されずに、自分たちらしさを貫いていこう。その角は菊池実践なのだ」との決意と私は受け止め、覚悟をさらに強くいたしました。

今回、連載の対談を一冊の本にまとめることをご快諾いただきました皆様に感謝いたします。一つ一つの記録を読み直す中で、対談の場の空気が蘇りました。

今回も、中村堂の中村宏隆社長には、企画段階から編集段階までお力添えをいただきました。ありがとうございました。

今後も、よりよい教育の実現をめざして、立場を超えて、たくさんの人と対話を重ねていきたいと思っています。日本の「『教育』を解き放つ」ために。

二〇一九年八月二日　菊池道場　道場長　菊池省三

本書は、菊池道場機関誌「白熱する教室」(中村堂刊)に連載中の「巻頭対談」の内、15編を再構成して加筆・修正し、一冊にまとめたものである。

**【初出一覧】**

1　アクティブ・ラーニングのその先へ　鈴木寛
［白熱する教室　第３号（2016年冬号）］

2　公教育だからこそできること　藻谷浩介
［白熱する教室　第２号（2015年秋号）］

3　自らの力で未来を創り出す子ども育てる　南郷市平
［白熱する教室　第９号（2017年夏号）］

4　考え続ける人間を育てる　下村健一
［白熱する教室　第13号（2018年夏号）］

5　子どもを育てるのではなく、人間を育てる　柴田愛子
［白熱する教室　第15号（2019年冬号）］

6　「同調教育」から「一人ひとりを大切にする教育」へ　齋藤眞人
［白熱する教室　第17号（2019年夏号）］

7　高知県いの町　菊池学園の取り組み　塩田始＆藤岡孝雄
［白熱する教室　第６号（2016年秋号）］

8　コミュニケーション力で地域を拓く　片山象三
［白熱する教室　第４号（2016年春号）］

9　「ほめあうまち　なかつ（HOME－MACHI）」を創造する　奥塚正典
［白熱する教室　第６号（2016年秋号）］

10　言葉を大切にした教育で人格の完成を　稲嶺進
［白熱する教室　第８号（2017年春号）］

11　ほめるとは価値を発見して伝えること　西村貴好
［白熱する教室　第５号（2016年夏号）］

12　ほめ合うことで、人間関係豊かな組織・学級づくりを　太田肇
［白熱する教室　第10号（2017年秋号）］

13　今、教師に求められる力とは　陰山英男
［白熱する教室　第12号（2018年春号）］

14　「主体的・対話的で深い学び」を創る教師の生き方　前田康裕
［白熱する教室　第14号（2018年秋号）］

15　教師の元気が、子どもの元気をつくる　島田妙子
［白熱する教室　第16号（2019年春号）］

□著者
菊池省三　　プロフィールは、本文４ページに掲載

□対談者　　　プロフィールは、各対談の冒頭に掲載
鈴木寛／藻谷浩介／南郷市平／下村健一／柴田愛子／齋藤眞人／塩田始＆藤岡孝雄／片山象三／奥塚正典／稲嶺進／西村貴好／太田肇／陰山英男／前田康裕／島田妙子

「教育」を解き放つ

2019年8月22日　第1刷発行

著　／菊池省三　他16名
発行者／中村宏隆
発行所／株式会社　中村堂
〒104-0043　東京都中央区湊3-11-7
湊92ビル 4F
Tel.03-5244-9939　Fax.03-5244-9938
ホームページ　http://www.nakadoh.com

編集協力・デザイン／エフ・クリエイト
印刷・製本／シナノ書籍印刷株式会社

ISBN978-4-907571-59-7

「白熱する教室」の対談から生まれた菊池省三先生の対談本（中村堂）

## コミュニケーション力で未来を拓く
### これからの教育観を語る

コーチングの第一人者とコミュニケーション教育の第一人者が対談。学習者主体の教育とは。

【著】菊池省三／本間正人

定価　本体 2,000 円＋税

ISBN 978-4-907571-19-1

---

## 学校は、何をするところか？

教育界話題の二人による、「学校教育を、そもそもから考える」対談が実現。

【著】菊池省三／苫野一徳

定価　本体 1,800 円＋税

ISBN 978-4-907571-45-0